새로운 것들이 온다

새로운 것들이 온다

이치훈 지음

뉴노멀 시대를 살아가는
MZ들의 365일
미리보기

하드캐리 MZ 생활 사전

목차

새롭게 배우고, 새롭게 연결되기 위해

- -

지금 이 글을 읽고 있는 여러분은 새로운 것들에 대해 어떤 생각과 감정을 가지고 있나요? 내가 잘 알고 있거나 익숙한 것이 아니라 잘 모르거나 낯선 것들을 마주하거나 마주해야만 할 때 드는 생각과 감정이 저마다 다를 수 있을 것입니다. 누군가는 새로운 것들에 적극적인 관심을 보이고 또 누군가는 소극적이거나 무관심한 태도를 보일 수 있을 테지요. 그런데, 서로 다른 태도를 가지고 있다고 해도 우리 뇌를 들여다보면 한 가지 공통점을 발견할 수 있답니다. 인간은 본능적으로 실패를 두려워하기 때문에, 우리의 뇌는 실패를 피할 수 있는 최선의 선택을 하려 한다는 거죠.

만일 내가 새로운 것들에 대해 부정적인 생각과 감정을 가지고 있다면 그것은 내가 어딘가 삐뚤어지거나 모자라서가 아니라, 낯설고 잘 알지 못하는 것들이 위험하거나 위험할 수 있다고 뇌가 판단하기 때문입니다. 여기서 중요한 사실은 뇌가 어떤 판단을 할 때는 축적된 경험과 지식을 활용한다는 점입니다. 개개인이 가진 경험과 지식에 따라 뇌는 다른 선택을 할 수 있으며, 그 선택은 성공적일 수도 있고 그렇지 않을 수도 있습니다.

사회적 관계 속에서 우리는 생존과 성장을 위해 계속해서 새로운 것들을 마주하며 살아가야 합니다. 하지만 그중 어떤 것들은 흥미와 호기심을 자극하고 또 쉽게 받아들여지지만, 어떤 것들은 자신의 선택으로 받아들이는 데 이해와 공감이라는 과정이 더 필요하기도 합니다. 이 책은 주목받고 있는 중요한 변화와 트렌드에 대해 다룹니다. 독자 여러분이 이미 익숙해진 새로운 것들을 좀 더 깊게 들여다보며 또 다른 새로움의 기회를 찾을 수 있게 돕고, 아직은 어렵고 낯설지만 현재와 미래에 중요한 영향력을 가진 새로운 것들이 만들고 있는 세계에 본격적으로 첫발을 디딜 수 있는 기회를 함께 나누고자 합니다.

이 책은 일상생활과 여가 활동을 이끌며 경제적인 측면과 문화적인 측면 모두에 큰 영향을 끼치고 있는 편도족, 플렉스, 펫펨족, 부캐, 랩 음악 등의 트렌드를 살펴봅니다. 전 세계적인 메가트렌드로 자리 잡으며 이미 다가온 미래가 된 라이프 스타일인 비건과, 구독 서비스에 기반한 경제에 대해서도 알아봅니다. 고령화와 1인 가구의 증가로 가속화하고 있는 가족 공동체의 변화와, 건강하고 지속 가능한 사회관계를 유지하기 위해 새롭게 인식해야 할 가치들도 생겨났습니다. 이것들을 가족 구성권, 인구절벽, 기부 문화 등을 통해 살펴봅니다.

그리고 코로나19 팬데믹과 대형 재난 및 사고 등을 되돌아보며, 인류의 존속과도 연결되며 그 무엇보다 중요하게 여겨야 하는 개인과 공동체의 안전 문제를 짚어 봅니다. 최근 우리가 겪고 있는 심각한 사회문제들의 근원에 자리 잡고 있는 분노와 우울 등 정신건강과 관련된 이슈도 새롭게 조망해 봅니다. 무엇보다 이 글들을 통해 일상을 위협하고 있는 보이지 않는 위험을 새롭게 인식하고 재난과 재해를 예방하는 데 조금이라도 도움이 될 수 있기를 바랍니다. 이 책에서 다루고 있는 새로운 것들, 또는 새롭게 바라보아야 하는 것들은 목차에 상관없이 각자의 관심과 흥미에 따라 살펴봐도 좋습니다.

지금까지 해 보지 못한 경험을 하거나 새로운 지식을 쌓게 되면 인간의 뇌세포는 주변 뇌세포들과 또 다른 연결망을 만듭니다. 그리고 그 새로운 연결망은 생각과 행동의 변화를 가져올 수 있는 새로운 가능성을 만들어 줍니다. 이 책의 내용들은 저자 개인의 경험과 지식만이 아닌 그동안 관련 주제에 대해 사회적으로 쌓아 온 경험과 지식을 연결하며 정리해 본 것입니다. 이 책이 눈앞의 낯선 것들에 대한 두려움과 불편함을 극복하고 색다른 무언가를 사회적 관계 속에서 이해하고 배우며 앞으로 더 좋은 새로운 것을 만드는 데 작게나마 도움이 되었으면 합니다. 조그마한 뇌세포가 새로운 연결을 통해 큰 힘을 가질 수 있는 것처럼, 여러분도 새로운 것들과의 새로운 연결을 통해 좋은 결과를 얻을 수 있길 바랍니다.

마지막으로 책이 나오기까지 힘써 주신 지학사 관계자 여러분과 가족들에게도 감사의 말씀 전합니다. 고맙습니다.

2023년 가을, 이치훈

1부

따로, 또 같이
산다는 것

외할아버지 생신날, 우리 가족은 오리구이 집에 갔다. 외가댁 친척이 하나둘 모이는데 오늘도 막내 이모가 늦는다. 이모는 30대 초반 '잘나가는' 직장인이다. 본인이 그렇게 말하기도 했고 용돈도 곧잘 주니까 나도 그렇게 믿고 있다. 외할아버지는 결혼하지 않는 이모 때문에 늘 걱정이다. 이모가 결혼엔 아예 관심이 없는 것 같다고 잔소리를 하시는데 불쑥 내가 나섰다.

"이모 결혼에 관심 많아요. 이런 사진도 페북에 올렸는데요."

나는 가족 중 유일한 이모의 페친이라 이모가 제주도 유채꽃밭에서 웨딩드레스를 입고 '혼자' 찍은 사진을 볼 수 있었다. 근데 이 사진이 문제를 일으킬 줄은 몰랐다. 외숙모가 혼자서도 결혼하는 사람들이 있다고 말했고, 엄마는 연애와 결혼은 천국과 지옥 차이라며 눈에 힘을 주며 아빠를 노려보았다.

어느샌가 막내 이모가 왔다. 갑자기 떠들썩했던 분위기가 딱 멈추더니 잠시 정적이 흘렀다. 본인의 결혼 사진이 공개됐다는 사실도 모르고 이모는 늦은 이유를 설명하느라 바빴는데… 휴우…

막내 이모는 가족 모두에게 비혼을 선언했다. 그래서 혼자서 싱글 웨딩을 올리고 사진을 찍었단다. 결국 생일 모임은 이모의 폭탄 선언과 함께 끝났다. 결혼이란 사랑하는 남녀가 함께 사는 일이라고만 생각했는데, 어른들은 결혼에 대한 생각이 서로 너무 다르다. 슬픈 소식은 이모가 주던 용돈이 당분간 중단될 전망이라는 것이다. ㅠㅠ

혼자서 결혼하는 사람들이 있다?

- - - - - - - - - - - - - -

사회를 구성하는 기본 단위인 가족은 개인의 삶과 공동체의 발전을 뒷받침하는 근간입니다. 그리고 가족을 이루겠다는 의도로 맺는 결실이 바로 '결혼'입니다. 근래 우리 사회에서는 취업난과 육아 부담, 성평등 등의 이유로 기존 결혼 제도에 대한 회의와 반성이 일고 있습니다. 변화해 가는 결혼관을 반영한 비혼, 졸혼, 휴혼 같은 신조어가 사회적 반향을 일으키고 있기도 하죠. 삶에서 중요한 의례 중 하나인 결혼의 사회적·문화적 의미와 관련 풍속을 알아보고, 1인 가구와 저출생 시대에 새롭게 부상하고 있는 대안적인 결혼 제도도 아울러 살펴보겠습니다.

여러분은 혹시 '싱글 웨딩'이라는 말을 들어 봤나요? 싱글 웨딩이란 배우자가 없는 싱글이 혼자 예복을 입고 전문가의 웨딩 사진을 찍어 간직하는 것을 말해요. 결혼할 의사가 없는 싱글족이 홀로

추억을 남기는 이벤트로, 몇 년 전부터 유행처럼 퍼지고 있죠.

결혼과 관련한 신조어 중 점점 영향력이 커지고 있는 말로 '비혼(非婚)'이 있습니다. 비혼은 '결혼할 의지가 없음'을 뜻하는 용어예요. 기혼주의에 대항해 적극적으로 비혼을 주장하는 비혼주의자들은 자발적으로 결혼하지 않기를 택한 사람들입니다. '비혼'이라는 단어는 '결혼은 반드시 해야 하는 것이지만 아직 못한 상태'라는 의미를 담고 있는 미혼과 구분하기 위해서 사용합니다. 즉 '결혼은 꼭 해야만 하는 것이 아닌 개인이 선택할 수 있는 문제'라는 주체적이고 적극적인 생각을 드러내는 단어입니다.

취업난, 경제 불황, 돈과 시간을 온전히 자신을 위해 쓰고 싶다는 이유 등으로 비혼을 선택하는 청년이 늘고 있습니다. 가족 구조는 대가족에서 핵가족으로, 이제는 핵가족에서 1인 가구 중심으로 변화하고 있어요. 갈수록 결혼하는 사람은 줄어드는 한편, 동거 커플, 공동체 가족, 딩크족,• 싱글 맘·싱글 대디 등 다양한 가족 유형은 늘고 있습니다.

국내 연간 혼인 건수는 2012년부터 계속 줄어들고 있습니다. 통계청에 따르면 2022년 우리나라의 혼인 건수는 19만 건으로 10년 전에 비해 약 40%가량 감소했습니다. 한국보건사회연구원이

●　　　DINK, Double Income No Kids. 부부 생활을 영위하면서 의도적으로 자녀를 두지 않는 맞벌이 부부.

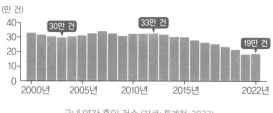

국내 연간 혼인 건수 (자료: 통계청, 2023)

25~49세 미혼 남녀 1,742명을 대상으로 한 조사(2021~2022년)에 따르면 응답자의 43.1%가 결혼을 원치 않는다고 답했답니다. 청년 세대가 결혼을 원치 않는 이유 중 높은 순위를 차지한 항목은 '경제적 여유가 없어서'와, '혼자 사는 것이 더 행복해서'였습니다.

결혼이 성립되는 과정

결혼이란 남녀가 정식으로 부부 관계를 맺는 일입니다. 두 사람이 개인적으로 합의한다고 해서 성립되는 게 아니라 종교나 법 등을 통해 공식적으로 인정을 받아야 하죠. 우리나라에서는 사회적 용어로 주로 '결혼'이라는 말을 쓰지만, 법률 용어로는 '혼인'이라는 말을 사용합니다.

결혼 제도에서 법은 매우 중요한 역할을 합니다. 법적으로 인정을 받아야만 부부와 가족의 권리를 온전하게 누릴 수 있거든요.

우리나라에서 혼인이 성립되려면 법에 따른 여러 요건을 갖춰야 합니다. 우선 혼인 적령 나이인 만 18세가 넘어야 하고 당사자들의 합의가 있어야 합니다. 또 결혼 당사자가 서로 촌수가 가까운 근친 일가가 아니어야 하고, 이미 배우자가 있는 사람이 다른 사람과 다시 결혼하는 중혼(重婚)이어서도 안 돼요.

법률에서 규정한 절차에 따라 이뤄지는 혼인을 '법률혼'이라고 합니다. 우리나라에서는 혼인신고라는 절차를 거쳐야만 부부 관계를 인정하는 '법률혼주의'를 채택하고 있는데요, 동거 등의 형태로 사실상 부부 관계를 유지하고 있지만 혼인신고를 하지 않아 법률상 부부로 인정할 수 없는 상태를 법적인 용어로 '사실혼'이라고 부릅니다. 그런데 사실혼은 경제나 사회복지적인 측면에서 법률혼과 동일한 법적 보호를 받지 못해요.

프랑스의 인류학자 레비스트로스는 결혼을 '인류가 생각해 낸 가장 위대한 교환 제도'라고 말했어요. 그는 두 사람의 결합이 어떻게든 '가치의 증대'를 가져오는 방향으로 성사됐으며, 정략결혼이나 지참금 제도, 매매혼 등도 이 과정에서 발생했다고 했죠. 부부는 효율적인 분업을 통해 가사와 육아, 경제활동에 주력함으로써 서로의 가치를 교환하는데, 그 결과 사회가 안정적으로 유지되고 경제가 발전할 수 있었습니다. 결혼이라는 제도적 기반 위에서 사회 전체의 가치가 증대된 거예요.

혈연과 혼인을 넘어서는 새로운 가족

대부분의 선진국에서 가족 정책은 다양성을 최대한 인정하는데 초점을 맞추고 있습니다. 그 바탕에는 혼인이나 혈연으로 구성된 가족이 아니어도 차별받지 않아야 한다는 인식이 작용하고 있어요. 가족에 대한 유연해진 생각들을 제도적으로 보장하는 움직임도 확산하고 있는데, '전통적 가족의 해체'라기보다 '새로운 가족의 탄생'이라 여기는 공감대가 커지고 있습니다.

그중 가장 대표적인 나라가 프랑스입니다. 프랑스는 결혼 대신 동거를 택하는 인구가 많기로 유명한데요. 프랑스 정부는 갈수록 혼인율이 떨어지고 동거 문화가 보편화되는 사회 분위기를 수용해 1999년에 이미 '팍스'(프랑스어로 PACS)라는 제도를 도입했어요. '시민 연대 협약'의 약자로 동성 및 이성 커플을 가리지 않고 동거하는 기간에도 결혼과 똑같은 법적 지위를 부여하는 제도죠. 협약을 맺은 구성원이 '가족 수당, 보조금 지급, 세금 공제, 상속' 등을 혼인 가구와 동일하게 적용받도록 합니다. 팍스 시행 이후 프랑스에서는 급감하던 출생률이 다시 증가했다고 해요.

영국은 2004년 동성애자 커플에게 혼인 관계와 유사한 법적 권리를 허용하는 '시빌 파트너십 civil partnership' 제도를 도입했습니다. 2018년에는 이를 이성 커플에게도 확대 적용해, 결혼이나 시빌 파트너십 중 어떤 것을 택해도 상속, 세금, 연금 등에서 차별받지 않도록 했어요.

결혼 전 동거가 보편화된 스웨덴에서는 1988년에 '동거법'을 제정해, 동거하던 커플이 임신·출산·양육을 하면 혼인 부부와 같은 권리를 보장받을 수 있습니다. 아동 수당이나 출산 휴가 등 복지 서비스에서 차별받지 않도록 한 것이죠. 아울러 네덜란드와 독일은 1998년과 2001년에 각각 '동반자 등록법'과 '생활 동반자법'을 만들어 이성은 물론 동성 커플까지 법적 파트너로 인정했어요.

서양에서뿐만 아니라 일본의 지바시에서도 2018년부터 동성 커플을 포함한 동거 커플이 서로를 파트너로 공식적으로 인정하는 문서에 서명하면 '파트너십 증명서'를 발급하는 제도를 시행하고 있습니다. 이를 통해 이루어진 가정은 가족용 영구 주택에 입주하거나 상대방이 다쳤을 때 수술 동의서를 작성할 수도 있답니다. 2019년에는 아시아 최초로 대만에서 동성결혼이 합법화되었죠.

세계 여러 나라에서 다양한 가족 형태를 지원하면서 출생률이 오르는 등 긍정적 효과를 가져오자, 우리나라에서도 2014년에 일명 '생활동반자법' 발의가 국회에서 추진되기도 했습니다. 혈연이나 혼인 관계가 아니더라도 같이 살면서 서로 부양하는 사이라면 가족과 같은 권리를 보장받도록 하는 내용을 담았는데요, 가족 해체와 성적 문란, 무분별한 동거를 조장할 수 있다는 반대 여론에 부딪혀 발의조차 되지 못했습니다.

그러다 2023년 4월에 드디어 국내 최초로 생활동반자법 발의가 성공했습니다. 발의까지도 힘든 길이었지만, 법안이 통과되기까지는 또 쉽지 않은 시간과 절차가 필요할 것으로 보입니다.

결혼보다 어려운 결혼 '생활'

결혼에서 가장 본질적인 부분은 결국 부부가 함께 일궈 가는 삶입니다. 하지만 그동안 여성들은 결혼의 불리한 제도와 관습에 묶여 결혼 생활을 원만하게 유지하기가 어려웠습니다. 많은 남녀가 결혼을 하지만 자녀를 낳고 키우며 행복한 가정을 이루기란 마음처럼 쉽지만은 않습니다.

부부는 서로 다른 환경에서 자란 데다 생물학적·사회적으로도 차이가 있다 보니 함께 살아가는 데 예상보다 많은 걸림돌이 작용합니다. 게다가 결혼 생활을 이어 가다 보면 여유롭지 않은 경제 상황이나 육아·가사 노동 등에서 불평등한 역할 분담으로 인해 갈등이 생겨날 수 있습니다. 자기 자신을 위해 온전히 쓸 수 있는 시간과 돈이 충분하지 않다는 것이 결혼 생활의 한계라고 지적하는 이들도 있죠.

가족과 결혼에 대한 새로운 가치관 속에서 결혼의 이상과 현실을 조화롭게 만들어 가기 위해, 부부 사이의 평등한 관계와 지속적이며 상호적인 소통이 더욱 중요해지고 있습니다.

LEVEL UP!

지식뿜뿜!

결혼 제도, 어떻게 변해 왔을까?

인류가 결혼이라는 제도를 만든 가장 중요한 이유는 사회를 구성하는 기본 단위인 가정을 이루고 출산과 양육을 통해 종족을 보존하기 위해서였습니다. 시대의 가치와 필요에 맞게 변화해 온 결혼 제도를 자세히 살펴볼까요?

『삼국지』 '위지동이전'에 따르면, 고구려 시대에는 신부 집 본채 뒤에 '서옥(사위의 집)'이라는 작은 집을 짓고, 혼례를 치른 후 이곳에 사위를 머무르게 했습니다. 노동력이 귀한 농경 사회였기 때문에 신랑이 신부 집에 일정 기간 머물며 일을 해 주었다고 해요. 그러다가 신부가 아이를 가지면 신랑은 자기 집으로 돌아갔어요. 신부는 친정에서 아이를 낳아 어느 정도 키운 뒤 신랑의 집으로 가서 함께 가정을 이뤘다고 합니다. 여자가 시댁에 들어가는 시집살이의 전통이 시작된 것은 15세기 조선 시대부터였습니다. 중국의 유교 사상을 국가의 기본으로 삼은 조선 왕실은 중국의 풍습에 따라 신랑이 신부를 데려와 본가에서 혼례를 올리도록 했는데, 이후 이 풍습이 사대부들 사이에서 널리 퍼졌습니다. 그리고 18세기 들어

남성 중심의 가부장 제도가 확립되면서 여성들의 시집살이가 보편화되었어요.

조선 시대 결혼은 주로 중매를 통해 이루어졌습니다. 중매혼은 신랑 집에서 상대가 될 신부 집안의 조건과 부모의 생각을 미리 알아보고 뜻이 맞으면 상대 집에 선물(예단)과 편지(혼서)를 보냈습니다. 이와 달리 혼인 당사자인 신랑, 신부가 주체적으로 배우자를 선택하는 혼인을 '자유혼'이라고 합니다. 1920~1930년대 자유혼은 일제강점기 지식인들을 중심으로 유행처럼 번졌고 오늘날 가장 보편적인 결혼 형태가 되었습니다.

일부일처제 vs. 일부다처제

인류 문명이 고대 사회로 접어들면서 농업의 발전과 잦은 전쟁으로 많은 인구가 필요해졌습니다. 그리고 힘이 강한 남성이 사회의 주도권을 잡으면서 한 명의 남자가 여러 명의 부인을 두는 '일부다처제'가 생겨났습니다. 일부다처제에서 남성은 자신의 자녀에게 재산을 남겨 주기 위해 아내에게 정절을 요구했어요. 그러다 중세 시대가 되면서 여성들은 정절을 지키는 대신 정식 아내의 자격을 요구하기 시작했습니다. 이후 여성의 지위가 점차 상승하면서 남성과 여성이 서로 한 명의 배우자만 두는 '일부일처제'가 확립되었습니다.

하지만 오늘날에도 여러 이슬람 국가를 비롯해 미얀마, 스리랑카, 탄자니아, 남아프리카공화국 등지에서는 일부다처제를 인정하거나 관습적으로 허용하고 있습니다.

#2
인구 절벽
사라져 가는 아이들

202X. 4. 1. 날씨: 으스스하고 흐림

비가 내릴 듯 말 듯 으스스한 날씨다. 이런 날엔 무서운 이야기가 당긴다. 친구 서준이와 유튜브를 뒤적이다 폐가에서 무속인과 밤을 보내는 콘텐츠에 빠져들었다. 나는 무서워 죽겠는데, 어릴 때부터 초자연현상을 다룬 책을 탐독하던 서준이가 눈을 반짝이며 말했다.

"일본에는 이런 폐가가 100만 채 넘는다고 하더라. 인구가 급격하게 줄면서 빈집이 엄청나게 늘어났대. 우리나라도 곧 그렇게 될걸?"

갑자기 현실 공포가 느껴져서 찾아보니 우리나라 평균 출생아 수가 0.8명 정도란다. 0.8명? 마치 내 몸의 10분의 2가 사라진 것처럼 느껴진다. 갑자기 근처 어린이집 놀이터에 놀고 있던 아이들이 하나둘 사라진다. 집들이 사라지고 동네가 사라지고 거대 도시가 사라지고 지도에서 우리나라가 사라진다…. 엄마와 아빠, 나도 지워지고 있었다!

탁, 탁, 탁!

누군가 등을 두드리는 느낌에 잠에서 깼다. 퇴근한 아빠가 와 계셨다. 아빠에게 꿈 이야기를 했더니, 아빠가 말했다.

"나 때는 말이야, 삼포 세대라는 말이 있었어. 결혼, 직장, 출산 세 가지를 포기한 세대라는 거지. 그래도 아빠랑 엄마는 끝까지 포기하지 않았어. 그래서 지금 네가 있는 거야."

아빠의 '라떼는~'이 또 시작되었지만 어쨌든 엄마, 아빠에게 새삼 감사하다. 0.8이 아닌 1의 몸을 주셔서…. 그렇지만 사람 수를 표현하는 데 1보다 작은 소수를 쓰는 건 역시 기이하다.

국가의 미래와 운명을 바꾸는 인구

저출생과 고령화로 인한 인구 변화가 충격적일 정도로 심각한 상황입니다. 이러한 상태가 지속된다면 일할 수 있는 인구가 빠르게 줄어들어, 경제에 악영향을 미칠 것이라는 전망도 나오고 있습니다. 인구 절벽, 인구 이동 등 여러 인구 현상에 대한 관심과 이해가 절실한 때입니다. 한 국가의 경제력을 결정하는 중요한 요소이자 사회·문화를 변화시키는 강력한 힘인 '인구'. 이 장에서는 인구에 대해 깊이 파헤쳐 봅니다.

한 나라 또는 일정한 지역에 사는 사람의 수를 '인구(人口)'라고 합니다. 인구는 국적을 중심으로 하는 '국민'이나, 같은 지역에서 태어나 자라면서 세대를 이어 언어와 문화, 역사를 공유하는 '민족'과 구분되는 말입니다. 인구는 일정한 지역에 거주하는 사람 모두를 이르는 말이기에 외국인이나 이민자도 포함되지만, 해당 지역에 살고 있지 않으면 국민이라고 해도 인구에 포함되지 않습니다.

인구는 연령이나 성별 등 '생물학적 요인', 산업이나 직업 등 '경제적 요인', 학력이나 결혼 여부 등 '사회적 요인', 언어나 종교 등 '문화적 요인'에 따라 구분할 수 있습니다. 예를 들어 10대 인구, 도시 인구 등으로 말이지요.

그런데 현대사회에서는 무엇보다 인구의 규모가 경제활동의 중요한 지표가 되고 있어요. 유동 인구가 많은 지역에 투자와 관심이 몰려 집값이 오르는 이유도, 세계 인구 순위 1위와 2위인 중국과 인도의 경제가 빠르게 발전하는 이유도 인구가 중요한 성장 동력이기 때문이죠.

'모든 길은 로마로 통한다'라는 말을 들어 보았나요? 그만큼 고대 로마는 서양 문명의 중심지로 천 년 이상 유지되었던 제국입니다. 그런데 이런 로마의 멸망에 인구가 결정적인 영향을 미쳤다고 합니다. 국력을 유지하기 위해 필요한 물자를 생산하고 다른 민족의 침입으로부터 영토를 지킬 수 있을 정도의 인구를 유지할 수 없었던 거죠. 로마의 정치가들은 인구를 늘리기 위해 열심히 노력했지만 결국 실패했고 로마의 멸망과 함께 찬란했던 문명도 붕괴하고 말았습니다. 이처럼 인구는 국가와 문명의 흥망성쇠를 좌우할 수 있는 중요한 요소입니다.

적어도 문제, 많아도 문제

한 세대 전만 해도 인구에 관한 가장 큰 고민은 '너무 빨리 증가한다'는 것이었습니다. 서기 1년경 약 2억 5,000만 명이었던 세계 인구는 1800년대 초반 10억 명을 돌파했습니다. 100년을 조금 넘긴 후인 1927년에 20억 명을 넘어섰고, 채 40년이 지나지 않은 1960년에 30억 명으로 불어났죠. 10억 명씩 늘어나는 기간이 점점 짧아지더니 1960년대 이후로는 거의 10년마다 10억 명씩 증가해 왔습니다. 서기 1년과 비교할 때 무려 35배나 빠른 속도로 말이에요. 2022년 11월 15일 세계 인구는 80억 명을 넘어섰고 2050년 무렵엔 약 100억 명에 이를 것으로 전망됩니다.

인구가 급격히 증가한 이유는 평균수명이 점점 길어지는 반면, 사망률은 점점 줄어들었기 때문입니다. 선진국의 경우에도 18세기 인간의 기대 수명은 25세였는데 지금은 80세를 가볍게 넘어서고 있어요. 풍족한 먹거리와 의료 기술의 발달, 소득 증가에 따른 생활수준 향상 등이 그 원인입니다. 그런데 인구가 폭발적으로 증가하면 삶이 위태로워집니다. 왜일까요?

인구가 계속해서 폭증한다면 전 세계는 심각한 식량 및 환경 문제를 겪을 수 있습니다. 유엔식량농업기구(FAO)는 기후변화와 인구 증가가 맞물려 돌아갈 때 인류는 식량난을 피하지 못할 것으로 전망합니다. 식량이 부족해져 곡물 가격이 상승하면 물가도 상승하게 되고 경제 위기가 찾아올 수 있습니다. 그래서 유전자 변형 식품(GMO)이나 식용 곤충 등 다양한 대안이 강구되고 있습니다.

인구 변동의 주요 요인, 전염병과 전쟁

공중 보건과 위생이 발달하지 않은 19세기 이전, 인간의 평균 수명은 30세 전후였답니다. 전염병이나 기타 질병에 걸려 젊은 나이에 사망하는 사람이 많았기 때문이죠. 역사상 최악의 인구 재앙으로 기록된 흑사병은 14세기 중엽 유럽 인구의 3분의 1과 중국 인구의 절반을 죽음으로 몰고 갔습니다. 19세기에 다섯 차례나 유행한 콜레라도 한 번에 수십만에서 수백만 명의 목숨을 앗아 갔어요. 1821년 우리나라에서도 콜레라로 인해 인구의 10%나 줄었답니다. 오늘날에도 코로나19, 에볼라바이러스, 사스와 같은 감염질환은 인구를 감소시키고 있습니다.

전쟁도 인구 감소의 주요 원인입니다. 전 세계에서 전쟁으로 인한 사망자 수는 16세기에는 160만 명, 17세기에는 610만 명, 18세기에는 700만 명, 19세기에는 1,940만 명, 20세기에는 1~2억 명으로 갈수록 증가하고 있어요. 전쟁의 규모가 커지고 대량 살상 무기가 더 많이 개발되었기 때문입니다. 한 번에 수십만에서 수백만 명을 살상할 수 있는 핵무기가 전쟁에 사용된다면 인류의 인구 감소 수준은 상상을 뛰어넘겠죠.

인구정책 변천사

국가가 주도하는 인구정책도 인구 변동에 많은 영향을 미칩니다. 빠른 시간에 인구를 변화시키는 전쟁이나 전염병과 달리 장기적이며 점진적인 변화를 일으킵니다.

인구정책에는 인구의 양과 질 조정, 지역 분산화, 고령화 대책 따위가 포함되는데, 과거에는 주로 양적 조정에 초점을 맞췄어요. 1900년대 중반부터 많은 국가가 인구 폭발 위기를 인식하고 출생률 감소 정책을 실시했답니다.

인도는 1952년 세계 최초로 정부 차원의 산아 제한 정책을 펼쳤어요. 국가가 나서서 아이를 낳지 못하도록 불임 시술을 강력히 권장했죠. 인구 대국인 중국도 1978년부터 35년간 '한 자녀 정책'을 실시하며 인구 증가를 막았습니다. 우리나라도 1965년부터 '산아 제한'을 슬로건으로 하여 가족계획 사업을 실시했는데요. 그 결과 당시 6.3명이던 가임 여성의 평균 출생아 수가 2~3명으로 큰 폭으로 감소했습니다.

표어로 본 우리나라 인구정책 변천사	
1960년대 (6명 이상)	'덮어 놓고 낳다 보면 거지꼴을 못 면한다' '많이 낳아 고생 말고 적게 낳아 잘 키우자'
1970년대 (4.54~2.65명)	'하루 앞선 가족계획 십 년 앞선 생활 안정' '딸 아들 구별 말고 둘만 낳아 잘 기르자'
1980년대 (2.83~1.55명)	'하나씩만 낳아도 삼천리는 초만원' '잘 키운 딸 하나 열 아들 부럽지 않다'
1990년대 (1.78~1.42명)	'사랑 모아 하나 낳고 정성 모아 잘 키우자' '아들 바람 부모 세대 짝꿍 없는 우리 세대'
2000~2005년 (1.47~1.08명)	'가가호호 아이 둘 셋 하하 호호 희망 한국' '아기들의 웃음소리 대한민국 희망 소리'
2006~2010년 (1.12~1.25명)	'낳을수록 희망 가득 기를수록 행복 가득' '아빠! 혼자는 싫어요. 엄마! 저도 동생을 갖고 싶어요.'

국가가 주도한 가장 성공적인 인구정책 사례는 프랑스에서 찾아볼 수 있습니다. 프랑스 정부는 출생률을 높이기 위해 보육비와 가족 수당 등 금전적인 지원뿐 아니라 무상 의료, 무상 교육 시스템, 대가족 할인과 우대 서비스를 시행했습니다. 프랑스에서 부모가 부담해야 하는 보육비는 월평균 130유로로 우리나라 돈으로 20만 원이 안 되는 수준입니다. 양육에 드는 비용 문제를 국가가 나서 해결한 사례죠. 그 결과 출생률이 1.6명에서 2.02명까지 늘어났습니다.

인구가 가파르게 감소하고 있던 영국은 일자리를 찾고 있는 동유럽 국가 출신의 이민자들을 적극적으로 수용해 인구를 늘리며 국가 경쟁력을 높이고 있습니다. 미국에서는 외국의 고급 과학 기술 인력을 들여와 경제 발전을 도모하는 정책을 계획하기도 했어요. 미국에서는 사회발전을 위한 혁신과 창조를 주도하는 사람들의 절반가량이 이민자와 이민 2세 자녀들이랍니다. 캐나다는 해외 인구 유치에 대한 국민적 관심과 지원이 가장 높은 나라입니다. 난민 수용에도 적극적이었던 캐나다는 2008년부터 경제에 도움이 되는 이민자를 선별적으로 수용하는 제도를 시행하고 있어요.

인구 절벽, 위기의 대한민국

2006년 영국 옥스퍼드대학 인구문제연구소는 한국이 지구상에서 가장 먼저 사라질 나라라는 충격적인 발표를 했습니다. 바로 출생률 때문인데요. 2022년 우리나라의 출생률*은 1명도 채 안 되는 0.78명으로, 전 세계 224개국 가운데 최하위에 속합니다. 인구로 인한 국가 소멸이라는 시나리오가 나온 배경에는 생산 가능 인구의 급격한 감소가 있습니다. '생산 가능 인구'란 경제활동을 할

● 　한 여성이 15~49세의 가임 기간에 낳은 평균 출생아 수. 가임 기간 연령별 출생률을 합해서 계산하기 때문에 '합계 출생률'이라는 용어를 쓰기도 한다.

수 있는 연령대인 15~64세까지의 인구를 말합니다. 생산 가능 인구가 줄어들면 국가의 생산 능력이 힘을 잃어 재정 파탄과 경제 위기가 찾아올 수 있죠.

미국의 경제 전문가인 해리 덴트는 『2018 인구 절벽이 온다』에서 '인구 절벽'이라는 신조어를 사용해 인구 감소에 따른 경제 위기를 경고하며 세계적인 반향을 일으켰습니다. 그가 말한 '인구 절벽'이란 한 나라의 인구 구성에서 어린이와 청소년 수가 급격히 감소해, 미래의 어느 시점에 생산 가능 인구의 비율이 급속도로 줄어드는 현상입니다. 우리나라는 10년 이상 지속적으로 15~29세의 청년 인구가 줄어들고 있습니다. 게다가 2020년부터는 전체 인구도 줄기 시작해, 2070년 무렵엔 약 1,400만 명의 인구가 사라질 예정이라고 합니다.

2022년에 조사된 우리나라 인구와 인구 구성을 살펴보면, 우리나라의 주민등록 인구는 5,143만 9,038명이었습니다. 출생 인구는 25만 명이었지만 사망자는 37만 명으로 전체 인구는 더 줄었고 출생 성비를 보면 여자아이 100명당 남자아이의 수가 104.6명이었습니다.

전국에서 인구가 가장 많은 행정구역은 경기도로 1,356만 5,450명이 살고 있으며, 연령대별 인구 중에선 50대가 16.7%로 가장 높은 비율을 차지하고 여러분과 같은 10대는 9.1%에 불과했죠. 2017년 65세 이상 고령 인구(711만 명)가 사상 최초로 유소년 인구(663만 명)를 초월해 우리나라도 고령화 사회로 진입하게 되었습니다. 2022년에도 고령화 추세는 이어져 고령 인구가 900만 명을 넘어섰습니다.

예측 불허의 인구 쇼크, 저출생·고령화

오늘날 세계 인구의 변화 추이는 선진국의 저출생·고령화와 개발도상국의 고출생 현상으로 양극화돼 있습니다. 선진국들은 인구정책을 통해 인구 폭증의 위험을 막아 냈지만, 그 여파로 출생률이 급격히 떨어진 가운데 급속한 고령화까지 맞물려 경기 침체의 긴 터널을 지나고 있습니다. 출생률 감소로 생산 가능 인구가 줄고 상대적으로 고령 인구가 늘어나면서 경제성장의 힘이 떨어지고 있는 거죠. 한 명의 청년이 다수의 고령자를 부양해야 하는 상황이 되면서 사회 전반의 활력이 저하되고 경기 침체의 돌파구를 마련하기도 쉽지 않은 형편입니다. 그 여파로 세대 갈등은 더욱 심해질 것으로 보입니다.

현재 저출생·고령화로 인한 인구 충격은 인류에게 새로운 공포로 인식되고 있어요. 65세 이상 고령 인구가 총인구에서 차지하는 비율이 20% 이상인 사회를 초고령사회라고 하는데요. 세계에서 가장 먼저 초고령사회에 진입한 일본에서는 인구 충격이 현실이 되고 있습니다. 1992년부터 생산 가능 인구가 줄자 이후 20년에 걸쳐 경제성장률이 절반 이하로 감소했습니다. 한편, '더블 케어double care'가 심각한 사회문제로 떠올랐어요. 더블 케어란 육아에 대한 부담으로 늦게 결혼한 젊은 세대가 어린 자녀를 키우는 동시에 질병으로 힘들어하는 고령 부모까지 간병해야 하는 상황을 말합니다. 더블 케어로 인한 경제적 부담과 스트레스는 갈수록 심각한 사회문제로 떠오를 것으로 보여요. 일본의 전체 인구는 초고령사회 진입 이후 줄곧 감소 추세입니다. 최근 5년간 107만 명가량의 인구가 줄어들면서 버려진 빈집이 전국적으로 830만 채에 달하기도 했답니다.

출생률과 인구 증가율이 세계 최하위 수준을 기록하고 있는 우리나라 역시 곧 초고령 사회를 맞이하게 되면 비슷한 상황에 부닥칠 것으로 예상됩니다. 통계청에 따르면 2021년 기준 전국 지방자치단체 226곳 중에서 182곳의 인구가 자연 감소 했습니다.

문제는 인구의 양이 아닌 구성의 불균형

인구학자들은 인구 증가가 장기적으로 경제 발전을 가져올 것으로 전망합니다. 여기서 증가해야 할 인구는 바로 '경제활동 인구'입니다. 경제활동 인구 중에서도 특히 젊은 청년 인구가 더 많아져야 합니다. 고령화 사회가 빠르게 진행되면 생산보다 소비가 많은 노인 인구가 급증해 저축과 투자가 줄고 노동력이 부족해집니다. 그에 따라 경제 불황뿐만 아니라 사회 갈등과 혼란이 일어날 수 있어요.

고령화 사회에 대비하기 위해서는 청년 인구의 규모와 역할이 확대되어야 하는데, 현재는 청년 인구가 부족할 뿐 아니라 이들의 고용 현실도 불안정한 상황입니다. 청년층이 체감하는 실업률은 23%에 이를 만큼 높은 상태이고 청년 취업자 중 적지 않은 수가 비정규직입니다. 취업난에 내몰린 청년들은 결혼과 출산에서 점점 멀어지고 있습니다. 청년 고용을 늘릴 수 있는 획기적인 정책이나 비정규직에 대한 적극적인 지원이 없다면 결혼을 포기하는 청년은 더욱 늘어날 것입니다.

청년들에게 안정적인 일자리를 제공하는 동시에 육아 문제도 해결해야 합니다. 출산과 함께 직장 생활을 포기해야 하는 여성이 늘어나지 않도록 출산휴가 제도를 활성화하고 막대한 양육비와 교육비 부담을 줄이기 위해 국가가 앞장서야 합니다. 실제로 일본의 한 마을에서는 수백만 원의 출산 장려금과 보육비를 제공해 출생률을 두 배나 증가시켜 큰 화제를 모으기도 했습니다. 아이를 낳으면 국가가 책임질 테니 걱정하지 말라는 믿음을 사람들에게 심어 준 것이죠.

　달라진 인구 구성에 따라 경제 분야의 변화도 필요합니다. 양적인 성장보다는 질적인 성장에 비중을 두는 것이 중요해요. 감소하는 인구에 따라 기업의 규모를 조절해 효율성을 높여야 합니다. 또한 청년 인구의 자질과 능력을 높이기 위한 기업의 적극적인 투자도 필요해요. 그 밖에 인구 절벽에 대비해 외국의 인력 자원을 활용하는 방안도 고려해야 합니다. 그러기 위해선 해외 이민자도 우리 사회의 중요한 구성원이라는 사실을 인식하고 그들을 포용할 수 있는 사회적·문화적 기반도 다져 가야 합니다.

LEVEL UP!

지식뿜뿜!

로마에서 시작된 인구조사

인구가 국력을 지키기 위해 매우 중요하다는 사실을 알고 있던 고대 로마에서는 '독신세'라는 제도를 시행했습니다. '독신세'는 25~60세의 남성과 20~50세의 여성 중에서 결혼을 하지 않고 혼자 살아가는 사람들에게 높은 세금을 내게 하는 제도였습니다. 나아가 독신으로 50세가 넘으면 재산을 상속하거나 상속받지 못하게 했습니다.

그리고 세금을 징수하기 위해 5년마다 로마 시민을 대상으로 인구조사를 실시했답니다. 오늘날 국가적으로 시행하는 대규모 총조사를 '센서스census'라고 부르는데 일반적으로 '인구 주택 총조사'를 지칭하는 말로 쓰입니다. 바로 이 센서스라는 말이 과거 로마에서 시행한 인구조사인 '켄수스'를 영어식으로 발음한 것이랍니다.

인구학을 탄생시킨 맬서스의 인구론

영국의 경제학자 토머스 맬서스(1766~1834)는 저서 『인구론』(1798년)에서 "인구는 기하급수적(1, 2, 4, 8, 16…)으로 늘지만 식량은 산술급수적(1, 2, 3, 4, 5…)으로 증가한다"고 주장하며, 인구가 빠른 속도로 늘어날 경우 식량 부족에 따른 빈곤 및 범죄 문제가 인류를 파멸시키리라 예측했습니다. 그 재앙을 막기 위해서는 출산을 억제해야 한다고도 주장했죠. 당시 그의 주장은 전 세계에 큰 충격을 주었고 인구 문제에 대한 관심을 촉발하는 계기가 되었습니다. 하지만 그의 예견은 빗나갔습니다. 과학기술이 발전하면서 인류의 식량 생산 능력이 인구 증가 속도 못지않게 빠른 속도로 향상했기 때문입니다.

인구 보너스와 인구 오너스

'인구 보너스demographic bonus'는 생산 가능 인구가 증가해 소비가 늘어나고 경제가 성장하는 것을 의미하는 용어입니다. 반면에 전체 인구 가운데 생산 가능 인구의 비중이 급격히 감소하면서 경제 성장이 둔화하는 현상은 '인구 오너스demographic onus'라고 칭합니다. 인구학자들은 현재의 인구 수준을 유지하려면 합계 출생률이 2.1명은 되어야 한다고 말합니다. 그러나 2022년 우리나라의 합계 출생률은 0.78명에 불과했어요. '인구 오너스'의 시대에 들어선 셈입니다.

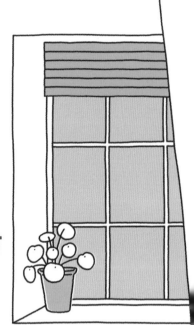

3

펫팸족

반려동물과 함께하는 삶

아빠가 또 일을 냈다. 갑자기 유기견 보호소에서 강아지를 데리고 온 것이다! 엄마의 눈빛은 역대 최고로 살벌했다. 앞으로 녀석을 새 식구로 받아들이기 위한 조언을 구하려고 경험자 친구 둘을 집으로 불렀다.

친구 A는 초등학교 5학년 때까지 침대에 인형이 수십 개 정도 놓여 있어야 잘 수 있을 정도로 정서가 불안했는데 강아지를 입양하고 돌보면서 많이 나아졌다고 했다. 순간 아빠의 얼굴이 밝아졌다.

B는 강아지랑 산책하러 나갔다가 지나가던 개가 갑자기 자신에게 달려든 이야기를 했다. 다행히 다치진 않았지만, 놀라서 죽는 줄 알았다는 말이 나오자마자 밝았던 아빠의 얼굴이 급격히 어두워졌다.

엄마는 생명을 돌보고 키우는 일은 절대 쉽게 결정하면 안 된다고 했다. 아빠는 개와 인간이 소통하며 서로를 알아 가는 과정이 필요하다며 줄여서 '개롱'이라 하자고 했다가 날카로운 엄마의 지적을 받고 입을 다물었다.

"개롱? 그럼, 개똥은 누가 치울 건데?"

분위기가 싸해진 틈에 친구들을 내 방으로 피신시켜야 했다. 먹이 주기, 재우기, 놀아 주기 등 궁금한 것이 많았다. 잘 알지도 못하는 생명체를 진정한 가족으로 받아들일 수 있을까? 아니, 우리가 이 녀석에게 진정한 가족이 될 수 있을지 먼저 물어봐야 할 것 같은데….

여러분은 펫팸족인가요?

개, 고양이, 열대어, 새 등 인간에게 즐거움과 위안을 주는 동물을 반려동물이라고 합니다. 우리나라에서 반려동물과 함께 살아가는 사람이 1,000만 명을 넘어섰습니다. 반려동물과 관련된 산업의 규모가 갈수록 커지고 있고 새로운 직업과 일자리도 생겨나고 있습니다. 하지만 생명을 가진 동물을 장난감 취급하며 함부로 대하거나 버리는 경우도 늘어나 심각한 사회문제이기도 합니다.

동물을 가족처럼 키우고 돌보며 아낌없이 애정을 쏟는 사람들이 있습니다. 이들을 '펫팸족'이라 부르기도 하는데요. 영어로 반려동물을 뜻하는 펫pet과 가족을 뜻하는 패밀리family를 합쳐 만든 말입니다.

펫팸족들의 동물 사랑은 남다른 데가 있습니다. 반려동물에게 유기농으로 재배한 채소와 질 좋은 고기로 만들어진 값비싼 사료를 먹이기도 하고, 특별한 교육을 받은 전문가에게 마사지와 피부 관리를 맡기기도 합니다. 반려동물을 위한 전용 호텔과 카페가 성업 중이고 혼자서 집에 남아 시간을 보내야 하는 개들을 돌보기 위한 스마트한 장비도 등장했습니다. 심지어 개나 고양이가 보는 전용 방송 채널까지 만들어졌죠. 반려동물이 인간 못지않게 돌봄을 받는 시대가 온 겁니다.

반려동물에게 들이는 비용도 늘어났습니다. 최근 농림축산식품부의 조사(2022년)에 따르면 현재 우리 국민 4명 중 1명이 반려동물과 함께 살고 있고, 반려동물을 키우는 가구의 한 달 평균 지출 비용은 15만 원에 이른다고 합니다. 관련 산업의 규모도 6조 원 이상이라고 하고요.

동물, 인간의 동반자가 되다

인간이 특정한 목적으로 사육하는 동물을 가축이라고 부릅니다. 가축은 식용이나 농업용으로 주로 길러지는데, 이들 중에서 인간의 여가 활동이나 즐거움을 위해서 키우는 개, 고양이, 새 등의 동물은 따로 구분해 애완동물이라고 불렀습니다. 애완동물은 가축뿐 아니라 금붕어와 열대어 같은 관상어류, 이구아나와 도마뱀 같은 파충류, 다람쥐와 햄스터 같은 설치류, 다양한 곤충까지도 포함하는 개념으로 확대되었는데요. 동물을 키우는 사람들 사이에서 애완동물이라는 말이 살아 있는 생명을 마치 장난감과 같은 물건처럼 오해하게 한다는 생각이 퍼지면서 새롭게 생겨난 말이 바로 반려동물입니다. 반려동물이라는 말에는 평생을 함께하는 반려자와 같이 서로 보살핌을 나눌 수 있는 소중한 존재라는 의미가 담겨 있죠.

반려동물 중에서 가장 많은 수를 차지하는 동물은 개와 고양이입니다. 개(586만 마리)와 고양이(211만 마리)를 합쳐 약 800만 마리의 반려동물이 살아가고 있는데요(한국반려동물보고서, 2021). 흔히 애견인(愛犬人)은 '개의 뛰어난 사교성과 정서적 일체감'을, 애묘인(愛猫人)은 '고양이의 독립적인 성향'을 매력으로 꼽는답니다.

개와 인간의 인연은 무척 오래됐어요. 개가 가축으로 인간과 본격적으로 생활하기 시작한 시기는 길게는 구석기시대인 3만 년 전부터 짧게는 신석기시대인 1만 년 전 정도로 추정됩니다. 개의 조상은 늑대인데, 늑대 중의 일부가 먹이를 얻기 위해 인간과 가까운 곳에 살면서 개로 진화했다는 학설이 있답니다.

개는 인간의 취향과 필요에 따라 다양한 크기와 형태, 성격을 가진 품종으로 개량된 유일한 동물이기도 합니다. 현재 세계애견연맹에 의해 공인된 견종은 무려 350여 종에 이른답니다.

인간에게 해로운 쥐를 잡아 주는 동물이던 고양이는 약 5,000

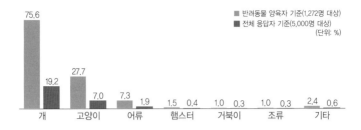

그래프 데이터: 개 75.6 / 19.2, 고양이 27.7 / 7.0, 어류 7.3 / 1.9, 햄스터 1.5 / 0.4, 거북이 1.0 / 0.3, 조류 1.0 / 0.3, 기타 2.4 / 0.6

범례: ■ 반려동물 양육자 기준(1,272명 대상) ■ 전체 응답자 기준(5,000명 대상) (단위: %)

개	고양이	어류	햄스터	거북이	조류	기타

한국인이 가장 많이 키우는 반려동물 (자료: 농림축산부, 2023)

년 전부터 사람과 관계를 맺으며 가축화되기 시작했습니다. 고양이는 붙임성 좋은 개와 달리, 좀 더 독립성이 높습니다. 이 때문에 우리나라에서는 고양이를 주인도 못 알아본다며 부정적인 시각으로 바라보는 사람도 많았습니다. 최근에는 이런 고양이의 습성이 바쁘게 살아가는 현대인의 생활 패턴과 맞물려 오히려 인기가 높아지고 있습니다.

반려동물이 인간의 건강에 미치는 영향

물질적으로는 풍족하지만 정서적으로는 메마른 사회를 살아가면서 반려동물은 우리에게 심리적인 안정감과 정서적 유대감을 느끼게 해 줍니다. 반려동물이 친구를 대신하기도 하고, 아이들에게 상냥함과 책임감을 일깨워 주기도 합니다.

뉴욕주립대 캐런 앨런 박사의 연구에 따르면, 혈압이 높아 건강 관리가 필요한 사람을 대상으로 한 실험에서, 개나 고양이를 키우는 사람이 그렇지 않은 사람보다 스트레스 상황에서 혈압이 절반 정도만 높아지는 결과가 나왔다고 합니다. 반려동물이 건강 관리에 도움을 준다는 것이죠. 특히 친구가 적은 사람에게 반려동물의 효과는 더 컸다고 하는데요. 독일인과 오스트레일리아인 1만 명을 대상으로 연구한 조사에 따르면 반려동물과 함께 산 사람의 병원 방문 횟수가 그렇지 않은 사람보다 더 적었다고 합니다. 반려동물과의 정서적 교류가 심리적 안정감을 주어, 사람들의 건강에 긍정적인 역할을 한 것이죠.

한편 반려동물이 건강을 위협한다는 연구 결과도 있습니다. 미국에서는 한 해 8만 5,000명의 사람들이 반려동물에 걸려 넘어져 부상을 당한다고 합니다. 개에 물려서 사망하는 사고도 한 해 500건에 이르며 사고를 당한 사람의 60%가 어린아이라고 합니다. 2021년 소방청 조사에 따르면, 우리나라의 경우에도 2015~2020년까지 하루 평균 개에게 물리는 사고가 6건 정도 발생했습니다. 반려견의 수가 늘어날수록 안전에도 더욱 신경을 써야겠죠.

반려동물을 통해 기생충이나 세균에 감염되는 경우도 있습니다. 예를 들면 고양이 발톱에 긁히거나 이빨에 물린 뒤 머리와 목, 겨드랑이가 붓는 증상이 나타나는 경우에는 '고양이 할큄병'이란 질환을 의심해 봐야 합니다. 이런 질환이 흔하진 않지만 경우에 따라서는 반려동물로 인해 상처가 생기거나 함께 잠을 자다가 위험한 질병에 감염될 수 있으니, 청결한 생활을 유지하고 반려동물의 건강과 위생 상태도 잘 살펴보아야 합니다.

'명품견'과 '순종'은 행복할까

세계적인 호텔 재벌가의 자제이자 미국의 유명인 패리스 힐튼의 강아지 사랑은 유별납니다. 치와와, 포메라니안, 퍼그 등 다양한 종류의 개를 열 마리 넘게 키우고 있는데, 32만 5,000달러를 들여 강아지 전용 집을 만들어 값비싼 강아지 가구로 채워 놓았을 정도입니다. 강아지들은 외출할 때 롤스로이스사(社)의 최고급 승용차를 타고 나가죠.

프랑스의 샴고양이 '슈페트'는 세계에서 가장 호사스러운 생활을 하는 고양이입니다. 슈페트는 명품 패션 브랜드 샤넬의 수석 디자이너였던 칼 라거펠트의 반려동물로, 샤넬에서 만든 옷만 입고 전용 태블릿 PC도 가지고 있다는데요. 더 놀라운 것은 이 고양이

반려동물	개	고양이
양육비	18.26만 원	13.76만 원
병원비	7.03만 원	6.22만 원

반려동물 1마리당 월평균 지출 비용(자료: 농림축산식품부, 2023)

를 별도로 돌보는 가사도우미도 둘이나 있다는 사실입니다.

　이렇게 특정 계층에 국한됐던 유별난 반려동물 사랑이 최근에는 일반인 사이에서도 퍼지고 있습니다. 덕분에 사람 못지않은 호사를 누리는 동물이 늘고 있지요. 어떤 이들은 밥그릇이나 목줄, 전용 가방 같은 물건에 수십만 원에서 수백만 원까지 돈을 쓰기도 한답니다. 지나치게 사치스러워 보이는 반려동물 산업을 두고 '과시욕이 너무 심하다'고 눈살을 찌푸리는 시선도 만만치 않습니다. 명품이나 비싼 물건의 의미를 전혀 알지 못하는 동물을 인간의 욕심을 드러내는 소유물이나 부의 상징으로 여긴다는 것이지요.

　특히 개와 관련해 인간들은 '순수 혈통'에 대한 집착과 '고급 견종'에 대한 욕심으로 수천 년간 수많은 종을 인위적으로 만들어 냈습니다. 반려견으로 인기가 높은 몰티즈, 푸들, 요크셔테리어 등 수백 종의 개들이 바로 인위적인 교배를 통해 태어났답니다. 그 과정에서 일정 기준에서 벗어난 개들은 잡종으로 불리며 무자비하게 도태되기도 했고요.

　'반려동물'이라는 명칭에는 이렇게 동물을 그저 예뻐하고 즐기는 '대상'이 아닌 '주체'로 대하자는 인식이 담겨 있습니다. 외로움이든 호기심이든 과시욕이든, 인간의 욕구를 충족시켜 주는 대상으로 동물을 대하는 행위는 옳지 않다는 가치관이 깔려 있죠. 그런데 여전히 인간이 동물을 대하는 태도는 반려동물이라는 호칭이

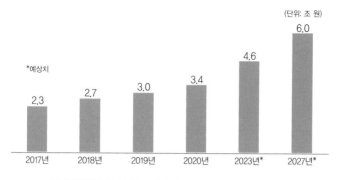

반려동물용품 시장 규모 성장세(자료: 한국농촌경제연구원, 2022)

존재하지 않았던 시절에 비해 크게 나아지지 않은 듯합니다.

학대받지 않고 버려지지 않을 권리

2012년 자동차 트렁크에 살아 있는 개를 매단 채 고속도로를 질주한 사건이 일어났습니다. 하지만 당시 경찰은 '개를 학대하려고 한 고의성이 없다'고 판단해 운전자를 무혐의 처분했고, 결국 운전자는 아무런 처벌도 받지 않았습니다. 2022년에는 수백 마리에 이르는 개를 사료 값이 비싸다는 이유로 죽음으로 몰고 간 사례도 있었습니다. 반려동물에 대한 학대는 계속해서 사회적 문제가 되어 왔습니다.

그런데 우리나라의 경우엔 동물 학대에 대한 처벌이 상당히 관대하고, 처벌 수위도 프랑스, 미국 등 선진국에 비해 가벼운 편이라는 지적이 있습니다. 매년 접수되는 동물보호법 위반 사건은 증가하는 추세이지만, 그 가운데 불기소 처분을 받은 사건이 더 많은 실정이랍니다.

그뿐만이 아닙니다. 한 해 국내에서 발생하는 유기 동물의 수는 10만여 마리에 달하는데, 이는 우리 사회가 반려동물에 대한 책임 의식이 미성숙함을 여실히 보여 줍니다. 무턱대고 기르기 시작했다가 경제적 부담이 늘어서, 혹은 병에 걸렸다고, 귀찮다고 쉽게 버리는 사람들이 많은 것이죠.

현행법상 길에서 발견된 동물은 각 지방자치단체의 유기 동물 보호소에서 10일 동안 보호하며 주인을 찾는 공고를 냅니다. 그동안 주인을 찾지 못하면 그 소유권이 지방자치단체로 넘겨져 다른 사람에게 입양을 보낼 수 있게 되는데, 끝내 입양되지 못한 동물들

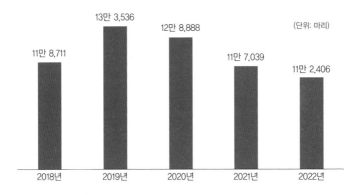

유기 동물 발생 현황(자료: 농림축산검역본부, 2022)

반려동물	2016	2017	2018	2019	2020	2021	2022
안락사 비율(%)	19.9	20.2	20.2	21.8	20.8	15.7	16.8

유기 동물 중 안락사 비율 현황(자료: 농림축산검역본부, 2022)

은 2주 정도가 지나면 안락사를 당합니다. 지속적으로 그 수가 감소하고는 있지만 여전히 적지 않은 반려동물이 희생되고 있는데요.

이와 대조적으로 독일의 경우에는 유기 동물 안락사 비율이 0%로, 유기 동물은 몇 년이고 수의사의 치료를 받으며 입양이 될 때까지 동물 보호소에서 지낸답니다. 독일의 동물보호법 제1조 1항은 "동물과 인간은 이 세상의 동등한 창조물이다."라는 조항으로 시작하는데요, 이는 동물 복지 수준이 미약한 우리 사회에 많은 시사점을 던져 줍니다. 우리나라의 반려동물이 진정한 '생명'으로 대우받으려면, 이러한 인식을 기본으로 법과 제도를 정비하고 시민 의식을 키워 나가야 하지 않을까요?

생각하고 느끼는 존재

과학자들은 개들이 상상 이상으로 똑똑하다고 말합니다. 최대 250여 가지에 이르는 인간의 말과 몸짓 신호를 배울 수 있고, 자신이 개라는 사실을 인식한다고 하죠. 무엇보다 동물들도 그들만의 방식으로 생각하고 느낀답니다. 버려진 동물들은 마음의 깊은 상처로 우울증에 걸리기도 하고, 평생 괴로워하며 살아갑니다. 생각하고 느끼는 존재가 오직 인간뿐이라고 생각한다면 그것은 인간이 가진 오만한 편견입니다.

이렇듯 반려동물과 함께 사는 일은 단순히 '나'만의 즐거움을 충족시키기 위한 선택이 될 수 없습니다. 그들을 존엄한 생명으로 대하며 오랫동안 사랑과 관심으로 보살펴야 하죠. 우리가 흔히 키우는 개, 고양이의 수명은 15년에 달하는데, 이 기간 내내 모든 것을 아이처럼 챙겨줘야 하거든요. 또 병치레를 하면 치료에 목돈이 들어가기도 하고요. 단순히 귀여운 모습만 보고 동물을 기르기로 결정하기 전에 이들을 평생 책임질 수 있는지 한 번 더 생각해 봐야 합니다.

법만으로는 충분하지 않기에

2023년부터 개정 시행된 우리나라의 반려동물 관련법을 살펴보면 반려동물을 폭력적으로 대하거나 밥을 주지 않는 등 학대를 하면 3년 이하의 징역에 처하거나, 3,000만 원 이하의 벌금이 부과된답니다. 하지만 법만으로는 충분하지 않기에 여러 동물 보호 단체가 활동하고 있습니다.

그 가운데 '동물권행동 카라'는 올바른 동물보호법 개정을 위한 활동을 진행하고 있으며, 동물실험 반대, 농장 동물의 복지 증진을 위한 운동을 펼치고 있어요. 유기견에게 입양할 곳을 찾아 주기 위한 사업을 진행하고 있기도 하고요.

또 '동물자유연대'는 인간에 의해 관리되는 모든 동물이 인도적인 대우를 받을 수 있도록 힘쓰는 동물 보호 단체랍니다. 이곳에서는 개를 식용으로 이용하거나 동물을 상품으로 매매하는 사업에 반대하는 운동을 펼치고 있죠.

이들의 활동과 함께 지속적인 사회적 관심을 통해, 동물들이 더 이상 학대받고 고통받지 않는 세상이 되었으면 합니다.

#4

기부

선한 영향력으로 하나 되다

얼마 전 큰 태풍이 남부 지방을 휩쓸고 지나갔다. 학교에서 긴급하게 후원금을 모금한다고 해서 나름 모아 뒀던 용돈을 털었다.

이런 후원금을 낼 때마다 "내가 더 불우 이웃인데", "나도 수재민인데"라며 한마디씩 던지는 애들이 꼭 있다. 하지만 그런 말 하는 친구치고 실제로 불우 이웃이나 수재민은 없었다. 친구 중에는 어릴 때부터 가난한 나라의 아이들을 위한 기부금을 내고 있다는 녀석도 있다. 그 이야기를 들은 한 친구는 우리나라에도 힘든 아이들이 많은데 굳이 외국에 돈을 기부해야 하냐고 말했다.

또 다른 친구는 인간보다는 당장 생명의 위협을 받고 있는 유기견들이 먼저 아니냐고 했다. 다행히 "내가 유기견보다 못한데"라고 하는 친구는 없었다.

엄마는 기부는 꼭 돈만으로 하는 것이 아니라고 했다. 문득 내 주변 사람들이 돈 말고 기부할 수 있는 것이 무엇일지 궁금해졌다. 야근으로 지친 아빠가 식탁에서 맥주잔을 기울이기에 다가가 물었다. 아빠는 "글쎄, 가끔 말 안 듣는 우리 아들을 기부하고 싶을 때는 있는데."라며 내 질문을 농담으로 받아들였다. 관심을 갖고 살펴보니 기부가 필요한 곳이 꽤 많은 것 같다. 하지만 갑자기 아빠 말이 현실적으로 다가온다. 내가 할 수 있는 기부는 없을까?

대가 없는 사회적 돌봄이 바로 기부

'기부'란 어려운 상황에 놓인 사람들을 돕는 자선사업이나 공익을 위한 사업 등에 돈이나 물품을 대가 없이 제공하는 것을 말합니다. 최근에는 돈이나 물건뿐 아니라 재능이나 서비스를 나누는 행동도 기부라고 부릅니다.

국가는 사회 발전을 위해 지속적으로 공익사업을 해 나가야 합니다. 하지만 국민들에게 필요한 모든 공익사업을 국가가 직접 수행할 수는 없습니다. 국가가 적극적으로 개입할 수 없는 영역이 있기 때문인데요. 이런 상황에서 공익사업을 위한 기부는 국가가 풀수 없는 사회문제를 해결하는 큰 역할을 담당합니다.

국가와 사회를 위해 공적으로 쓰이는 돈이라는 점에서 기부는 국민이 소득 중 일부를 내는 세금과 비슷한 면이 있습니다. 하지만 법과 제도로 강제하는 세금과 달리, 기부는 자발적인 의사에 따라 이루어집니다. 또한 어떤 사람들을 위해 돈을 쓸지 본인이 결정할 수 있고, 기부한 돈이 어디에, 어떻게 쓰였는지 확인할 수 있다는 점도 세금과는 다르죠.

경제 강국, 기부 약국

기부의 중요성은 커졌지만, 우리나라의 기부 현황은 그리 밝지 않습니다. 통계청의 발표에 따르면 최근 10년 동안 기부를 경험한 사람과 기부 의향이 지속적으로 감소했습니다.

영국의 자선지원재단(CAF)에서는 해마다 낯선 사람을 얼마나 도왔는지, 돈을 얼마나 기부했는지, 자원봉사 시간은 얼마였는지 등의 자료를 수집해 국가별로 기부 점수를 매기는데 이를 '세계 기부 지수 World Giving Index'라고 합니다. 2022년 발표한 국가별 평균 기부 지수 점수 순위에서 우리나라는 전체 119개국 중 88위를 차지했습니다(1위 인도네시아, 2위 케냐, 3위 미국). 우리나라는 국민 총소득 세계 23위의 경제 강국이지만 기부 지

기부 참여율과 의향 변화
(자료: 대한상공회의소·통계청, 2023)

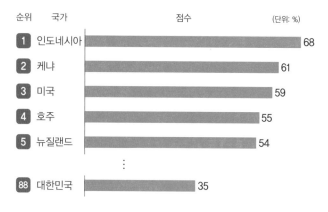

순위	국가	점수	(단위: %)
1	인도네시아		68
2	케냐		61
3	미국		59
4	호주		55
5	뉴질랜드		54
88	대한민국		35

2022년 세계 기부 지수 (자료: 영국 자선자원재단, 2023)

수에서는 하위권에 속합니다.

우리나라에서 기부가 점점 줄어들고 있는 이유는 무엇일까요? 통계청 조사에 따르면, 기부를 중단한 가장 큰 이유는 '경제적 여유가 없어서(45.8%)'였고 2위는 '기부에 관심이 없어서(35.0%)', 3위는 '기부 단체를 신뢰할 수 없어서(12.2%)'였습니다. 즉 경제 불황뿐만 아니라 기부에 대한 무관심이나 기부 단체의 부정적인 기부금 사용으로 인해 기부 문화가 침체하고 있다는 뜻이죠.

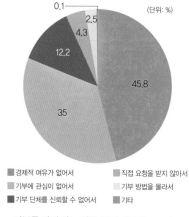

기부를 하지 않는 이유 (자료: 통계청, 2021)

가난해도, 부자여도

영국의 자선지원재단이 2018년 발표한 '세계 기부 지수'에 따르면, 현금 기부 경험률이 가장 높은 나라는 부자 나라가 아닌 '미얀마'였습니다. 불교 국가인 미얀마 사람들은 이타심을 실현하는 '보시(남에게 베푸는 일)'를 최고의 가치로 여긴답니다.

그뿐 아니라 미얀마에서는 축제 때 돈을 뿌리는 전통이 있는데요. 이 돈을 주우면 복을 받는다는 믿음이 예로부터 내려오고 있다고 합니다. 그래서 돈을 주운 사람은 이타심을 발휘해 또 다른 사람이 복을 받을 수 있게 그 돈을 기부한다고 합니다. 미얀마 사람들에게 기부는 삶의 일부이자 목적이랍니다.

이슬람의 경전인 『쿠란』에서는 신도들이 '자카트Zakat'라 부르는 일종의 기부금을 내야 한다고 규정하고 있습니다. 재산을 지나치게 많이 모으는 것을 바람직하지 않다고 생각하는 이슬람의 율법에 따라 재산의 일부(2.5~20%)를 고아와 걸인, 빚을 갚지 못하는 사람과 순례자 등을 위해 기부해야 한답니다. '종교적인 세금'이라고도 불리는 자카트는 신앙 고백, 기도, 순례, 금식과 함께 이슬람 문화의 의무 가운데 하나입니다.

한편, 고대 로마 사회의 고위층은 기부와 공공 봉사활동에 적극적이었습니다. 로마 최초의 황제인 아우구스투스(B.C. 63~A.D.

14)는 나라가 어려울 때 자신의 재산으로 국가의 재정을 지원했고, 로마의 귀족들은 전쟁이 일어나면 재산을 사회에 환원하고 전장의 선봉에 나서기도 했어요. 이들은 가난이나 전쟁으로 국민이 죽고 나라가 망하면 자신과 가족의 삶도 온전할 수 없다고 여겼습니다. 또한 빈곤 퇴치와 미래 세대의 교육을 위해 거금을 내는 것을 지도자의 의무이자 명예로 여기곤 했습니다.

이러한 로마인의 가치관은 19세기 유럽의 '노블레스 오블리주 Noblesse oblige'로 이어지는데요. 프랑스어인 노블레스 오블리주는 '높은 사회적 신분에 상응하는 도덕적 의무'를 뜻하는 말로, 권력과 부를 가진 사람들이 더욱 투철한 도덕의식과 공익을 우선하는 정신을 지녀야 한다는 뜻입니다.

'철강왕'이라고 불리는 미국의 사업가 앤드루 카네기(1835~1919)는 인류 역사를 통틀어 최고의 부자 3위에 오른 인물입니다. 그는 65세가 되던 해에 부자로 죽는 것은 정말 부끄러운 일이라며 전 재산을 사회에 환원하기로 했는데, 이를 위해 자선사업 단체인 '카네기재단'을 설립했습니다. 카네기재단은 교육·과학 도서관 3,000여 곳과 유명 음악당인 카네기홀을 건립했고 현재까지 다양한 자선 활동을 해 오고 있습니다.

우리나라의 경우엔 300년간 조선 최고의 부자 집안으로서 나눔을 실천해 온 '최부자' 가문이 기부의 상징으로 통합니다. 경주

최씨인 최부자 가문에는 '만 석 이상의 재산은 사회에 환원하라', '흉년에는 재산을 늘리지 말라', '사방 백 리 안에 굶어 죽는 사람이 없게 하라' 등 여섯 가지 가훈이 전해 내려오고 있는데요. 사람을 먼저 생각하는 마음과 부자의 책임 의식을 엿볼 수 있습니다.

건강한 기부 문화를 만들려면

성금이나 후원금 등 금전적인 방법 외에도 기부에는 여러 형태가 있습니다. 개인의 재주와 능력을 대가 없이 내놓는 '재능 기부'가 대표적이죠. 최근에는 재능 기부가 더욱 활발하게 이루어지면서 무료로 공연이나 강의를 제공하는 사람들이 늘고 있습니다.

포털 사이트나 SNS 서비스 업체에서 제공되는 기부 플랫폼을 이용하는 사람도 늘어났습니다. '네이버 해피빈'이나 '카카오 같이 가치' 등은 대표적인 사회 공헌 플랫폼으로, 정보통신 기술을 기반으로 단체 모금 및 응원, 사회 발전을 위한 가치 공유 프로젝트를 실행하고 있답니다.

기부 방식이 다양해지면서 자신의 상황과 가치관에 맞는 방식을 직접 선택해 기부에 동참하는 사람도 늘었고, 유튜브에서 활동하는 여러 '인플루언서'도 기부 문화 조성에 활력을 불어넣고 있습니다. 재미있고 친근한 기부 콘텐츠를 만들고 이를 구독자들과 공유함으로써 선한 영향력을 행사하고 있죠.

기부는 사회를 건강하고 성숙하게 만드는 무형의 자산입니다. 기부의 영향력과 규모, 다양성이 확대되면서 이제 기부 행위뿐 아니라 기부금의 모금과 집행, 성과를 공유하는 것 또한 중요한 쟁점이 되었습니다. 기부 문화의 발전을 저해하는 이유 중에는 기부금과 관련된 여러 사건이 있습니다. 희소병을 앓는 딸을 이용해 12억 원이 넘는 기부금을 받았지만 결국 살인범이 된 '어금니 아빠' 사건(2017년), 3년 동안 5만 명에게 받은 기부금 127억 원을 횡령한 '새 희망씨앗' 사건(2018년), 자신이 키우는 유명 반려견을 이용해 거짓으로 후원금을 모집해 횡령한 '택배견' 사건(2022년) 등 기부금과 관련된 크고 작은 사건이 끊이지 않으면서 기부자들은 큰 실망감과 배신감을 느꼈습니다. 일부의 잘못이었지만 이 같은 기부금 유용 논란이 불거질 때마다 기부 자체에 대한 불신이 커지며 기부에 대해 지나친 거부감을 느끼는 '기부 포비아'가 확산한 거죠.

기부금은 모금자에 대한 신뢰를 기반으로 형성됩니다. 그 신뢰가 흔들리거나 무너진다면 결국 기부에 참여하려는 마음도 사그라들겠죠. 기부 단체들은 기부금의 모금 및 사용 내역을 정확하게 기록하고 그 정보를 기부자들에게 투명하게 공개해야 합니다.

전 세계에서 기부 문화가 가장 발달한 국가로 여겨지는 미국에서는 기부 단체의 투명성을 확인할 수 있는 정보를 제공하는 기관이 200곳 가까이 된다고 합니다. 역시 기부 선진국으로 꼽히는 오스트레일리아에서는 국가에서 운영하는 자선 기관 감독 기구를 통해 5만 개가 넘는 자선 단체들의 정보가 공개되어 있고 누구나 필요한 자료를 확인할 수 있습니다. 우리나라는 아직 관련 제도나 기관이 부족한 상황이지만, 공익 법인의 투명성 및 기부금 효율성을 평가하는 '한국 가이드스타' 같은 기관에서 제공하는 자료를 기부 전 참고 자료로 확인해 볼 수 있답니다.

건강한 기부 문화는 기부자와 기부금을 운영하는 기관, 그리고 수혜자 모두가 함께 만들어 가는 것입니다. 기부자는 대가를 바라지 않고 기부하며 대리 기관의 전문성과 투명성을 확인해야 하고, 대리 기관은 공익을 위한 인도주의적 기부를 투명하게 실천해야 합니다. 그리고 수혜자는 받은 기부금을 목적에 맞게 사용하고 기부자와 기부 단체의 도움을 바탕으로 스스로 일어설 수 있도록 노력해야 할 것입니다.

한 철학자가 이런 말을 했습니다. "가난한 나라의 아이들에게 기부하지 않는 것은, 입고 있는 비싼 옷을 버릴까 봐 연못에 빠진 아이를 구하지 않는 것과 같다." 비싼 옷보다 한 사람의 생명이 훨씬 소중하다는 데에는 대부분 공감할 것입니다. 여러분도 기부를 통해 자신의 신념과 가치관을 실현해 보는 건 어떨까요?

LEVEL UP!

지식뿜뿜!

기부 정체기를 벗어나려면

기부 문화를 활성화하려면 기부 문화가 기업 중심에서 개인 중심으로 바뀌는 게 무엇보다 중요하다고 전문가들은 말합니다. 우리나라에서는 기업에서 이뤄지는 기부가 전체 기부의 60%를 차지하고 있는데요. 미국의 경우에는 개인 기부가 85%를 차지한다고 합니다. 나아가 하나의 기업이나 한 명의 개인이 큰돈을 기부하는 것보다 적은 돈이라도 많은 사람이 기부하는 것이 더 중요하답니다. 일회성 기부가 아닌 정기적·지속적인 기부, 강요나 강제가 아닌 개개인의 자발적인 기부가 더 늘어나야 합니다.

기부 모금 방식의 변화 또한 필요합니다. 감정에 호소하고 자극적인 이미지를 이용해 연민을 일으켜 기부를 이끌어 내는 관행에서 벗어나, 기부에 참여하는 행위가 의미 있고 가치 있다는 인식을 만들기 위한 방법을 찾아야 합니다.

최근에는 MZ 세대들의 가치관과 라이프 스타일에 주목한 기부 트렌드도 생겨나고 있습니다. 1990년대 중반에서 2000년대 초반에 태어난 이들은 스마트 기기와 SNS를 통해 정보를 얻고 소통하는 것에 익숙합니다. 그래서 SNS를 통한 모금이나 기부 캠페인에 가장 활발히 나서는 세대이 기도 한데요. 주변 사람에게 기부의 중요성을 알리고 동참을 독려하는 데도 적극적입니다. 이처럼 MZ 세대가 기부 문화의 새로운 중심으로 떠오르면서, 기부 유형도 점차 다양해지고 있습니다.

착한 소비문화와 '코즈 마케팅'

MZ 세대는 가치 있는 소비 활동에 관심이 많습니다. 최근에는 착한 소비문화를 이끄는 코즈 마케팅이 주목받고 있는데요. '코즈 마케팅Cause Marketing'이란 소비의 이유나 명분을 뜻하는 '코즈'와 기업의 상품 판매 전략을 뜻하는 '마케팅'을 합친 말로, 사회적·공익적 가치를 추구하는 동시에 경제적 이익도 함께 창출하는 마케팅을 뜻합니다. 제품 생산 단계부터 윤리적인 활동을 중시하는 공정 무역, 고객이 제품을 구매할 때마다 도움이 필요한 곳에 같은 제품을 하나씩 기부하는 마케팅 등이 대표적인 사례입니다. 개인의 신념을 적극적으로 표현하는 젊은 세대는 자신의 소비가 조금이나마 다수의 삶이 향상되는 방향으로 이어지기를 바랍니다. 기업이 주도해 온 공익 마케팅과 달리, 코즈 마케팅은 소비자 스스로 자신의 소비가 사회 공헌으로 이어진다는 것을 확실히 알고 참여한다는 차이가 있습니다.

트렌드에
진심인 편

웹툰

미디어를 질주하는 원소스멀티유즈

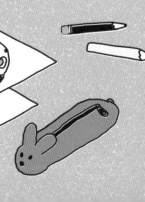

　사촌 동생 아인이가 간만에 톡을 보냈다. 아인이는 나이가 어린데도 가끔 나보다 더 어른스럽다. 지난 추석에는 갑자기 자신에겐 꿈이 없다는 게 가장 큰 고민이라고 말했다. 할아버지가 그럼 내 꿈은 뭐냐고 물으시길래, 한창 넷플릭스에 빠져 있던 때라 그랬는지 드라마 감독이 되고 싶다고 말했다.

　"나 꿈을 찾았어. 내 꿈은 웹툰 작가가 되는 거야."

　아인이의 톡은 이렇게 시작했다. 아인이에게 웹툰 작가가 되고 싶은 이유를 물었다. 자신은 그림을 잘 그리고 만화를 좋아하고 상상하기 좋아하고 글짓기도 좋아하니까 그렇다는 답이 왔다. 게다가 웹툰 작가가 돈도 잘 벌고 영향력도 커서 좋단다. 무엇보다 내가 드라마 감독이 되겠다는 말에 큰 영향을 받았다며 이번 주말에 같이 시나리오 구상을 하겠단다. 톡을 끝내고 한참을 고민했다. 사실 내 꿈은 뭔지 나도 잘 모르는데….

　밤늦게 아인이에게서 다시 톡이 왔다. 웹툰 작가의 꿈을 접겠단다. TV에서 웹툰 작가를 다룬 프로그램을 봤는데 하필이면 하루 10시간 이상 일하며 마감과 창작의 스트레스에 시달리면서 돈도 많이 벌지 못하는 웹툰 작가들이 나와 아인이의 꿈을 흔들어 버린 거다. 아… 현실이 꿈을 삼켜 버렸구나. 근데 갑자기 왜, 이런 주제로 웹툰을 만들고 싶은 욕망이 꿈틀대는 걸까. 웹툰으로 데뷔하지 못한 채 디지털 세상을 떠돌고 있는 캐릭터들을 나의 웹툰 세계로 초대하고 싶다. 정말로.

웹툰 전성시대가 열리다

만화는 문자에 다양한 그림을 더해 이야기를 더욱 재미있고 친근한 방식으로 전달하는 창작물로 예전부터 청소년에게 인기가 많은 콘텐츠였습니다. 요즘에는 인터넷과 모바일 환경에 특화된 만화인 '웹툰'이 무서운 기세로 성장하고 있습니다. 웹툰이 오늘날 누리고 있는 인기를 만든 힘은 무엇이고, 웹툰을 둘러싼 사회적·문화적 이슈는 무엇인지 살펴보겠습니다.

웹툰 서비스가 최초로 시작된 시기는 인터넷을 대중적으로 이용하기 시작한 2000년대 이후였습니다. 2002년 포털 사이트 '야후 코리아'가 인터넷에서 만화를 볼 수 있는 서비스인 '카툰 세상'을 국내 최초로 선보였습니다. 이어 2003년 '다음'이 '만화 속 세상'이라는 서비스를 내놓으며 초창기 웹툰 전성시대를 열었답니다. 당시 엄청난 인기를 얻은 강풀 작가의 웹툰 〈순정만화〉는 단편 위주

였던 웹툰의 한계를 넘어선 작품으로 평가받으며 우리나라에서 최초로 성공한 장편 웹툰이었습니다. 2010년대에 들어서면서 스마트폰 대중화와 함께 웹툰은 인터넷에서 가장 경쟁력 있는 문화 콘텐츠로 자리 잡게 됩니다.

초창기 웹툰은 포털 사이트의 인지도와 이용률을 높이기 위해 무료로 제공되는 콘텐츠라는 이미지가 강했습니다. 하지만 지금은 당당히 주류 문화 콘텐츠로 자리 잡았고 황금알을 낳는 거위가 됐답니다. 대중적으로 큰 인기를 얻은 웹툰은 영화, 드라마, 게임, 뮤지컬 등으로 재창작되어 높은 수익을 올리고 있거든요.

웹툰 작가의 인기도 엄청납니다. 한국콘텐츠진흥원의 「2022년 웹툰 사업체 실태조사」 보고서에 따르면, 한국 웹툰 산업의 총 매출액은 전년보다 50% 가까이 늘어나 무려 1조 5,000억 원을 넘겼습니다. 또한 「2022년 웹툰 작가 실태조사」에 따르면, 최근 1년간 작품을 연재한 작가의 연간 총수입 평균은 1억 1,870만 원에 달했습니다. 이렇다 보니 초등학생 사이에서는 웹툰 작가가 수년째 선망 직업으로 꼽히고 있답니다.

우리나라 웹툰 시장에서 독보적인 존재감을 가진 '네이버 웹툰'은 세계 시장에서도 큰 영향력을 드러내고 있습니다. 미국·일본 등을 포함한 전 세계 100여 개국의 만화 앱 분야에서 수익 총액 1위를 기록하는가 하면, 전 세계의 월간 이용자 수만 해도 1억

8,000만 명에 이릅니다(2022년 1월). 우리나라 웹툰의 성공 사례는 미국 대학교의 교과서에도 수록될 정도로 세계적인 주목을 받고 있습니다. 웹툰만을 놓고 보면 세계 시장에서 우리나라가 만화의 종주국으로 불리는 일본을 앞설 정도입니다. 일본과 미국에서는 여전히 종이 만화가 주류를 이루고 있는 가운데 우리나라 웹툰은 디지털 만화 시장을 빠르게 개척해 왔습니다. 그러한 노력이 결실을 보아 네이버웹툰은 '2021 아시아 태평양 어워드'에서 전 세계 베스트 웹툰 앱을 수상했습니다. 2022년 1월 기준, 글로벌 월간 활성 이용자(MAU)가 사상 최대치인 8,200만 명을 기록했고, 월간 거래액은 무려 1,000억 원을 넘어섰죠.

원소스멀티유즈의 대표 주자

'웹툰'은 인터넷을 뜻하는 '웹'과 만화를 뜻하는 '카툰'이 합쳐진 말로, 인터넷을 매개로 연재·배포되는 만화를 뜻합니다. 원래 영어에는 없던 말로 우리나라에서 만들어진 고유 명사랍니다.

그런데 웹툰은 책 형태로 출판되는 만화와 어떻게 다를까요? 출판 만화와 웹툰 모두 그림과 글을 이용해 이야기를 표현한다는 점에서는 크게 다르지 않습니다. 하지만 만화를 담는 공간이 각각 종이와 인터넷이라는 차이가 있습니다. 한정된 지면을 이용할 수

밖에 없는 출판 만화와 달리 웹툰은 시간과 공간의 제약을 넘어 다양한 형태로 표현할 수 있답니다.

흔히 웹툰은 마우스 스크롤을 이용해 감상하기 좋은 세로 형태로 배치하는데, 작가는 독자가 스크롤을 내리는 속도를 고려해 이야기의 호흡에 맞춰 작품을 연출할 수 있습니다. 그림 외에 배경 음악, 효과음, 플래시 같은 다양한 요소를 첨가할 수도 있고요. 댓글을 통해 작가와 독자가 쌍방향으로 소통할 수 있다는 점도 출판 만화와는 다른 웹툰만의 주요 특징이랍니다.

웹툰의 또 다른 매력은 드라마, 영화, 애니메이션, 게임, 뮤지컬, 연극, 캐릭터 상품 등 다양한 장르로 재창작될 수 있다는 점입니다. 누적 조회 수 10억 건을 돌파하며 큰 인기를 얻었던 윤태호 작가의 웹툰 〈미생〉은 드라마로 만들어져 '미생 신드롬'이라는 유행어를 만들어 내기도 했습니다. 높은 인기 덕분에 일본과 중국에서도 리메이크 드라마로 만들어졌답니다. 〈이태원 클라쓰〉, 〈지금 우리 학교는〉 등 전 세계적인 인기를 끌었던 드라마 역시 웹툰이 원작이었고요. 주호민 작가의 웹툰 〈신과 함께〉 시리즈는 영화로 제작돼 1,400만 관객을 동원하는 흥행 기록을 올렸고 이후로 웹툰을 원작으로 하는 영화가 더 많이 제작되고 있습니다.

최근에는 영화나 드라마뿐 아니라 예능 콘텐츠나 애니메이션도 웹툰 원작에 기반해 제작되고 있는데요. 이처럼 하나의 콘텐츠가 다양한 장르로 재창조되고 확장돼 부가가치를 극대화하는 '원소스 멀티 유즈One Source Multi Use'의 대표 주자가 바로 웹툰입니다.

그런데 웹툰이 영화나 드라마의 원작으로 많이 활용되는 이유는 무엇일까요? 웹툰은 시각적인 요소로 표현되는 매체여서 영화나 드라마의 스토리보드*, 영화 스크립트, 방송 대본·각본으로도 바로 활용될 수 있다는 장점이 있습니다. 그리고 성공한 웹툰은 이미 대중성이 확보되었다는 점에서 영화나 드라마로 제작할 경우에도 실패 확률이 낮게 여겨져 다른 매체로의 확장성이 높은 것입니다.

이런 장점이 있지만 전문가들은 웹툰이 시각적인 요소만으로는 성공할 수 없다고 말합니다. 그림이 아무리 좋아도 스토리가 매력적이지 않으면 결코 인기를 얻을 수 없다는 뜻이죠. 그림의 완성도가 다소 부족하더라도 이야기가 참신하고 독창적이면 대중을 사로잡을 수 있다고 합니다. 성공한 웹툰을 살펴보면 작품을 통해 독자가 자신의 일상과 인식을 확장하는 경험을 할 수 있는 이야기가 많습니다. 무심히 지나쳐 온 타인의 삶에 감정 이입을 할 수 있는 이야기가 많은 사람의 공감을 받는 것이죠.

● 　애니메이션이나 영화, 광고 등을 제작할 때, 이야기의 내용을 보는 사람이 이해할 수 있도록 주요 장면을 앞으로 완성해야 할 영상에 가장 가깝게 그림이나 사진으로 정리한 장면 연출 판.

웹툰 산업의 그늘

웹툰의 인기와 가치는 조회 수를 통해 평가됩니다. 얼마나 많은 사람이 보는지가 광고 수익과 연결되기 때문에 웹툰을 게재하는 사이트들은 조회 수를 높이기 위해 많은 노력을 기울입니다.

한 웹툰 포털 사이트는 웹툰 독자의 40%가 초등학생이어서 메인 화면에 개그나 판타지, 학원물과 같은 웹툰을 상대적으로 더 많이 띄운다고도 하는데요. 〈외모 지상주의〉, 〈후레자식〉, 〈게이 양성소〉 등 제목만 들어도 호기심을 불러일으키는 선정적이고 자극적인 내용의 웹툰이 메인 화면에 노출되는 경우도 많습니다. 그런데 자극적인 소재에만 치중하다 보니 이야기의 전개가 억지스럽거나 완성도가 떨어지는 웹툰도 많아졌습니다.

지나친 상업화과 함께 웹툰 작품의 윤리적인 문제도 발생하고 있습니다. 어느 인기 웹툰 작가는 작품에 장애인을 희화화하고 여성을 비하한 내용을 담아 사회적 논란이 되었고, 또 다른 웹툰 작가는 여성 주인공의 신체 일부를 지나치게 강조해서 성의 상품화를 조장한다는 비난을 받기도 했어요. 웹툰을 포함한 창작물은 표현의 자유가 무엇보다 중요하지만, 지나치게 폭력적이거나 성적인 표현, 특정 정체성에 대한 비하, 혐오 표출 등을 함부로 해서는 안 됩니다.

문화체육관광부 자료에 따르면, 2021년 한 해 동안 불법 복제물로 인한 웹툰 시장의 피해액은 무려 8,427억 원에 이른다고 합니다. 불법 공유 사이트의 조회 수가 합법 공유 사이트의 조회 수보다 많은 경우도 있습니다. 적발된 한 웹툰 불법 공유 사이트의 경우 8만 3,000건이 넘는 웹툰을 무단으로 게시했다는데요. 한 달 평균 3,500만 명이 접속할 정도로 이용자가 많았다고 합니다. 불법 복제는 웹툰 작가와 웹툰 업계 종사자의 생계와 산업 전반에 위기를 불러오는 심각한 범죄라는 사실을 잊지 말아야 합니다.

웹툰 플랫폼의 '갑질 논란'도 계속해 문제가 제기되는 사안입니다. 2022년 한국콘텐츠진흥원의 「웹툰산업 불공정 계약 실태조사」에 따르면, 웹툰 작가의 반 이상(58.9%)이 불공정 계약을 경험했다고 합니다. 창작자보다 유통 플랫폼의 수익률이 지나치게 높은 불공정 계약이나 일방적인 계약 해지를 겪은 작가가 상당히 많습니다. 연재에 대한 부담과 과도한 업무량으로 정신적·신체적 고통을 겪는 작가들의 현실을 개선하기 위해서도 플랫폼과 작가의 관계는 공정하게 유지되어야 할 것입니다.

현재 우리나라에서 만화를 그리는 작가 10명 가운데 8명은 웹툰을 그리고 있다고 할 정도로 웹툰은 대세가 되었습니다. 하지만 정작 웹툰 작가들의 현실은 밝지만은 않습니다. 억대 수입을 버는 일부 작가를 제외하면 전체 웹툰 작가 가운데 절반 가까이는 1년 동안 5,000만 원 미만의 수입을 얻는다고 합니다. 실제로 웹툰 작가는 대부분 '창작 활동 시 경제적인 어려움', '과도한 작업으로 인한 휴식 시간 부족 및 건강 악화' 등을 고충으로 꼽는데요. 웹툰 업계의 성장이 계속될 수 있도록 웹툰 작가의 인권을 보호할 수 있는 사회적 관심과 제도가 필요합니다.

LEVEL UP!

지식뿜뿜!

웹툰 작가로 데뷔하는 방법

1. 웹툰 전문 사이트 및 제작사 주최 공모전 당선
2. '네이버 도전 만화', '다음 웹툰 리그' 등 관련 아마추어 게시판에서 꾸준한 작품 활동
3. 개인 SNS 연재로 독자층 확보
4. 웹툰 플랫폼 및 에이전시에 투고

웹툰 작업 단계

1. 기획서 작성: 주제, 제작 의도, 작품 개요, 주요 캐릭터 소개
2. 시놉시스 작성: 간략한 줄거리 및 대사 작성
3. 콘티 작업: 컷 분할, 구도 잡기, 캐릭터의 행동, 배경 등 간략한 스케치
4. 원고 및 그림 작업: 전문 프로그램을 이용해 작품 완성

웹툰 작가는 어떻게 돈을 벌까?

웹툰 작가가 버는 수입에는 원고료, 광고료, 단행본 수입, 저작권료 등이 있습니다. 보통 작가들은 작품을 연재하기로 한 웹툰 플랫폼에서 최소 원고료 또는 '미니멈 개런티(MG)'라는 이름으로 매달 연재료를 지급 받는데요, 이는 일종의 월급이라고 생각하면 됩니다. 독자들의 결재로 유료 수익이 발생하면 작가들은 계약에 따른 비율로 계산된 돈을 지급 받습니다. 웹툰 하단에 노출되는 광고를 통해 광고료 수익을 얻기도 합니다. 단행본과 저작권 등의 수입은 작가의 유명세와 작품의 인기에 따라 달라지므로 웹툰 작가의 수익은 개인차가 상당히 큽니다.

또한 MG라는 제도가 현실적으로 많은 작가들에게 불공정하게 작용하고 있다는 것이 문제로 지적되기도 합니다. 원래 뜻과는 달리, 한국 웹툰계에서 MG는 미래에 발생할 저작권 수익 중 일부를 미리 지급받는 형태의 계약이거든요. 예를 들어, 작가와 회사가 수익을 5 대 5로 나눠 갖도록 계약하고, 작가가 매달 200만 원의 MG를 받는다면 어떨까요? 그럼 회사도 200만 원만큼의 수익을 남겨야 작가는 그달의 MG를 '채운' 셈이 되는 겁니다. 다시 말해 작가는 월 400만 원 이상의 수익을 올려야 하고, 그러지 못하면 빚을 지게 될 수도 있다는 거죠.

몇몇 인기 작가들의 연봉만이 두드러지게 알려진다면, 대다수 작가들이 처해 있는 이러한 상황이 묻혀 버릴 수 있습니다. 계속해서 다양하고 재미난 웹툰들이 창작되고 유통되기를 원한다면, 독자들부터 산업의 윤리적 문제나 작가의 노동환경에도 관심을 가져야겠습니다.

#6

부캐

나보다 더 나 같은
또 다른 자아

오늘 학교에서 특별 수업을 한다며 영어 선생님의 대학 친구가 왔다. 최근 부캐로 SNS에서 급부상한 개그맨이었다! 때로는 플렉스를 외치는 래퍼, 때로는 미쉐린 별점을 받은 레스토랑 셰프, 때로는 재벌 집 막내아들로 매번 흥행을 갱신한 바로 그 사람이다.

더 놀라운 사실은 그 개그맨이 시작부터 10분 동안 정말 미국에서 태어난 사람처럼 영어를 구사하며 수업을 이끌어 갔다는 것이다. 아, 저 사람은 도대체 부캐가 몇 개나 될까?

질문 시간에 한 친구가 놀라운 이야기를 꺼냈다. 자신이 SNS에 여자인 척하는 부캐를 가지고 있다며 이제는 그 계정이 인기가 더 많아져서 남자라는 사실이 알려질까 봐 두렵다는 것이었다. 평소에는 조용히 책만 읽던 친구라 충격적이었다.

우리의 셀럽은 진지하게 친구의 질문에 답변했다. 사실 어떤 때는 자신도 정체성에 대해 고민하지만 청소년의 경우에는 더 조심해야 한다고 말했다. 나 자신 즉 나의 본캐를 제대로 알아야 그 본캐에 도움이 되는 부캐도 만들 수 있다는 것이다. 그리고 다른 사람을 속인다는 죄책감이나 두려움을 느낀다면 오히려 건강한 본캐가 있다는 증거라고 했다. 그러니 본캐를 지키는 것이 우선이라며 어서 남자임을 밝히라고 조언했는데… 신기한 것은 처음에는 여자처럼 하이 톤이었던 목소리가 마지막쯤에는 자연스럽게 본인의 목소리로 돌아와 있었다는 것이다. 역시 부캐 부자는 아무나 되는 게 아니다.

연예인의 역할 놀이가 유행시킨 부캐

만약 내가 원하는 그대로의 이미지나 성격, 능력을 지닌 또 다른 '나'를 만들어 낼 수 있다면 어떨까요? 판타지 속 이야기로 들릴 수도 있겠지만, 사실 우리 일상에서 일어나고 있는 일이랍니다. 바로 '부캐'를 통해서 말이죠. 게임에서 본래의 캐릭터 외에 새롭게 만든 캐릭터를 이르던 '부캐'는 예능 콘텐츠와 기업의 마케팅 등 다양한 분야에서 활용되며 하나의 트렌드로 자리 잡았습니다. 일반인도 SNS나 'N잡'을 통해 자신만의 부캐를 창조하고 있죠.

유명 방송인 유재석 씨는 TV 예능 프로그램에서 다양한 캐릭터로 변신해 큰 인기를 끌었습니다. 그는 국민 MC이자 개그맨이라는 캐릭터를 벗어 던지고, 트로트 가수 '유산슬', 댄스 가수 '유두래곤', 하프 연주자 '유르페우스', 음반 제작자 '지미유'·'유야호', 치킨 요리사 '닭터유', 예능 투자자 '카놀라유', 직장인 '유본부장', '유팔봉' 등으로 변신하며 맹활약합니다. 각양각색의 캐릭터에 걸맞은 외모와 말투, 성격 등은 시청자에게 색다른 볼거리를 제공했죠.

반면, 방송에 나올 기회가 적었던 한 개그맨은 유튜브 채널에서 산악회 부회장과 아이돌 가수, 기업의 전략 본부장 등 3명의 부캐를 동시에 열연해 수십만이 넘는 구독자 수를 확보하며 스타덤에 올랐습니다. 독보적인 캐릭터의 카페 사장을 연기한 한 개그맨도 광고계와 방송가의 러브콜을 받으며 전성기를 누리고 있고요.

그런가 하면 의사이면서 요리사, 변호사이면서 패션 전문가, 회사원이면서 사진작가나 웹툰 작가로 활동하며 유튜브와 블로그 등에서 유명인으로 거듭난 일반인도 많습니다. 그들은 자신의 취미나 취향에 따라 다양한 부캐를 선보이는데, 둘 이상의 직업을 가진 사람들이라는 뜻의 신조어인 'N잡러'라고 불리기도 합니다.

콘텐츠 속 세상에서 일상의 세계로

부캐 유행은 각종 산업 분야로 확산하며, 기존 브랜드 이미지에 새로운 이미지를 덧씌우기도 합니다. 70여 년의 긴 역사를 자랑하는 밀가루 브랜드 '곰표'는 온라인 쇼핑몰 및 맥주 회사와의 협업으로 '곰표 패딩', '곰표 맥주'를 출시해 히트를 쳤어요. 매운 라면의 대명사 '불닭볶음면' 역시 전혀 어울릴 것 같지 않은 상품과의 이색 조합으로 '불닭 립밤', '불닭 치약', '불닭 방향제' 등 부캐 아이템을 탄생시켰고요. 아이스크림 '메로나'와 의류 브랜드 '휠라'의 컬래버레이션은 '메로나 운동화'라는 '인싸템'을 낳기도 했죠. 식품과 패션의 콜라보가 성공을 거두자 '새우깡 양말', '죠스바 티셔츠', '바나나 맛 바디 워시' 등이 잇달아 출시되며 부캐 상품 열풍을 이끌었답니다.

청소년이 주로 쓰는 말 중에 '실친'과 '넷친'이라는 표현이 있습니다. 실친은 '실제 친구'를 의미하고 넷친은 '온라인에서 사귄 친구'를 뜻합니다. 그런데 10대 중엔 실제 현실 속 친구를 만날 때와 온라인 친구를 대할 때 자기 모습이 달라 스스로 혼란을 느끼는 이들이 꽤 많다고 합니다. 둘 중 무엇이 진짜 자신의 성격인지 알 수 없어서 당황스러운 거죠.

틸리언프로라는 플랫폼 기업의 조사에 따르면 연령대별로 온라인 자아와 오프라인 자아에 대한 인식이 다르게 나타난다고 합니다. 40대에서 50대는 절반 가까이 두 자아가 비슷하다고 여겼지만, 10대에서 20대는 약 70%가 이 둘을 다르게 생각한다고 답했어요. 특히 온라인 자아와 오프라인 자아 사이의 차이를 가장 많이 느끼는 세대는 10대로, 이들 가운데 약 25%가 두 자아를 전혀 다르게 여긴다고 답했어요. 이는 다른 세대에 비해 두 배 정도 높은 수치였습니다.

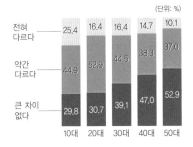

온라인 자아와 오프라인 자아의 차이에 대한 나이대별 생각

(자료: 틸리언 프로, 2021)

그렇다면 10대의 온라인과 오프라인 자아의 차이가 큰 이유는 무엇일까요? 불안한 현실 속에서 힘겨워하는 젊은 세대가 갈수록 늘어가는데 실제 자아는 아무리 초기화하고 싶어도 불가능하니 온라인 속 자아에 더 애착을 갖는 이들이 늘고 있는 것은 아닐까요? 증강 현실 앱에서 자신을 닮은 아바타를 만들어 가상 세계의 상점가를 누비며 쇼핑에 열을 올리는 MZ세대가 많은 것도 비슷한 이유가 아닐까요? 현실 세계에서는 불가능한 일이 가상 세계에선 비교적 손쉽게 이루어진다면 가상 속 자아에 대한 애착과 기대가 더 커질 수밖에 없겠죠.

부캐 트렌드의 주인공, MZ세대

부캐 트렌드의 중심에는 단연 'MZ세대'*가 있습니다. 이들은 그 어느 세대보다 디지털 환경에 익숙한 동시에 자신의 가치와 개성을 드러내는 데 적극적입니다. 어린 시절부터 온라인 세상에서 취향에 맞게 꾸민 아바타로 활동하거나, 캐릭터를 바꿔 가며 게임을 즐기는 경험을 쌓아 온 세대이기 때문입니다.

MZ세대에게 부캐는 단순히 즐길 거리를 넘어 자기 계발과 경제활동의 수단으로도 자리 잡고 있습니다. 안정된 일자리가 줄어들고 평생직장의 가치 또한 흐려지고 있는 시대적 상황에 맞추어, MZ세대 직장인은 퇴근 후 새로운 지식과 기술을 익혀 부업을 하거나 1인 크리에이터로 활동하며 제2, 제3의 직업을 모색합니다. 이를 통해 자아를 실현하고 경제적 자립에 한발 더 다가서려는 것이죠. 부캐를 통해 쌓은 다양한 경험이 자기 계발과 자신을 홍보할 수 있는 스펙이 되기도 합니다. 한마디로 MZ세대에게 부캐는 미래를 위한 자산이라고 할 수 있습니다.

여기에 기업들은 부캐 트렌드를 이끄는 MZ세대에 최적화된 마케팅 전략을 앞다퉈 내놓고 있습니다. 기업명을 전면에 드러내

● 1980년대 초~2000년대 초 출생한 밀레니얼 세대와 1990년대 중반~2010년대 초반 출생한 Z세대를 통칭하는 말.

거나 유명 연예인을 동원하는 대신 부캐를 내세워 SNS상에서 다양한 콘텐츠를 선보이며 자연스럽게 제품을 홍보하는 식이죠. 그들은 친근하고 공감 가는 캐릭터에 독특한 스토리와 세계관을 더해 고객의 관심을 끌면서 자연스럽게 브랜드의 이미지를 각인시킵니다. MZ세대는 기업이 내놓은 부캐를 구경하는 것에 그치지 않고 이를 자발적으로 공유하거나 댓글 등을 통해 '부캐 세계관'에 직접 참여하고, 더 나아가 팬덤을 형성하기도 합니다. 오늘날 부캐는 기업과 MZ세대를 한층 더 가깝게 연결하는 연결 고리로 활용되고 있습니다.

부캐가 만드는 정체성 혼란

본캐와 부캐 사이의 지나친 간극은 여러 문제를 불러오기도 합니다. 현실 세계에서는 절대 감출 수 없는 사실을 온라인에서는 숨기거나 위장할 수 있으니까요. 일부 사람들은 이를 악용해 가상공간에서 비상식적인 일탈을 감행하거나, 자기 모습을 왜곡하고 지나치게 과시하기도 하죠. 최근의 부캐 트렌드가 이 같은 상황을 더욱 부추기고 있다는 우려의 목소리가 나오기도 했습니다. 실제 자신과 전혀 다른 가면을 쓰고 살아가다 보면 정체성의 혼란 등 심리적인 문제에 빠지게 될 수도 있습니다.

'정체성'이란 상당한 기간 비교적 일관되게 유지되는 고유한 특성으로, 스스로 경험하고 있는 자신의 실체를 말합니다. 정체성에 혼란을 느끼거나 불안해하지 않을 때 우리는 스스로 무엇이 중요한지 알 수 있고 내 삶을 가치 있고 의미 있게 하는 것과 그렇지 않은 것을 구분해 낼 수 있습니다. 정체성이 잘 형성된 사람은 결단력이 필요한 상황에서 어떤 결정을 내려야 할지 잘 판단하고 올바른 선택을 할 수 있습니다. 그런데 중요한 사실은 정체성이란 다른 사람이 아닌 바로 나 스스로 찾아내야 한다는 것입니다.

부캐의 긍정성을 잃지 않으려면

부캐 열풍이 불면서 재미와 인기를 목적으로 억지스러운 캐릭터를 내세우거나 맥락 없이 나타났다 사라지는 부캐도 늘어났습니다. 정치인부터 각종 기업에 이르기까지 부캐를 이미지 변신용이나 마케팅 기법으로 손쉽게 사용하곤 합니다. 미디어도 상업적인 목적으로 부캐를 이용하기 위해 부캐 트렌드를 부추기기도 합니다. 하지만 자극적인 요소를 지나치게 부각하거나 부적절한 의도로 무리하게 부캐를 만들어 내는 현상은 경계해야 합니다.

자유롭게 자신의 부캐를 만들어 즐기는 일반인도 부캐가 자신에게 해가 되지 않도록 주의해야 합니다. 무엇보다 본캐를 잘 돌보는 것이 중요합니다. 본캐라는 기반을 부정하지 않고 그 모습 그대로 인정할 때 부캐도 자유로운 날개를 펼칠 수 있습니다. 그렇게 탄생한 부캐는 현실에서 지치고 약해진 본캐가 회복할 수 있도록 지켜 주고 힘이 되어 줄 것입니다. 본캐와 부캐는 분리되지 않고 서로 공존하며 상호작용하는 존재여야 합니다.

사실을 과장하거나 왜곡해 거짓말을 하고, 그 거짓을 진실이라고 믿는 심리적 장애를 허언증이라고 하는데요. SNS 등 온라인에 자신의 일상 중 보기 좋은 모습만을 편집해 올리거나, 실제 내 모습과 다른 모습을 연출해 보여 주는 것을 '디지털 허언증'이라고 합니다. 다른 사람의 시선과 관심을 끌기 좋아하고 타인의 평가에 민감한 사람들이 주로 디지털 허언증을 앓습니다. 타인을 속이고 이용하는 행위에 죄책감이나 두려움을 전혀 느끼지 못할 정도의 심각한 디지털 허언증은 자기 자신은 물론 주변 사람과 더 나아가 사회 전체에 악영향을 끼칠 수 있으므로 주의해야 합니다.

부캐와 멀티 페르소나

　심리학에서 주로 사용되는 용어로 '멀티 페르소나multi-persona'라는 말이 있습니다. 멀티 페르소나는 '여러 개의 가면'이란 뜻입니다. 고대 그리스의 연극배우가 쓰던 가면을 라틴어로 '페르소나'라고 한 데서 유래했어요. 오늘날 멀티 페르소나는 '다중적인 자아'를 의미하는데, 사람들이 상황에 맞춰 다양한 정체성을 표현하는 모습이 마치 타인에게 보여 주고 싶은 가면(캐릭터)을 선택해 변장하던 모습과 유사하다는 뜻으로 빗대어 표현한 말입니다. 부캐 역시 개인이 상황에 맞게 여러 캐릭터로 변신한다는 점에서 멀티 페르소나와 같은 맥락이라고 할 수 있어요.

　여러분은 학교에 있을 때와 집에 있을 때, 혹은 일을 할 때나 동아리 모임 때 항상 일관된 모습으로 있나요? 아마 상황에 따라 자신의 정체성이 다르게 표출되는 경험을 한 적이 있을 겁니다. 어떤 모임에서는 소심하고 조용한 사람으로 여겨지고 어떤 모임에서는 재밌고 쾌활할 사람으로 여겨질 수 있는 거죠. 이제는 인터넷과 모바일, 그리고 메타버스까지 가상 세계가 확장되면서, 다양하게 표출되던 자신의 모습들을 또 다른 정체성으로 구체화하고 세상에 보여 줄 수 있게 되었습니다. 많은 사람이 이용하고 있는 SNS에서는 대화 상대에 따라 각기 다른 프로필을 설정할 수 있도록 하는 기능도 지원하고 있죠.

이렇게 쉽게 색다른 나로 변신하는 일에 점점 더 많은 사람이 재미와 자유를 느끼고 있습니다. 나아가 어떤 이들은 '제2의 나', '제3의 나'를 표현하는 일에서 삶의 새로운 의미를 발견하기도 합니다.

세상에서 가장 많은 부캐를 가졌던 사람

지금처럼 부캐라는 개념이 없었던 시절, 여러 개의 부캐로 활약한 유명인이 있습니다. 포르투갈의 천재 시인 '페르난두 페소아'(1889~1935)인데요. 페르난두 페소아는 모더니즘의 선구자로 문학사에서 매우 중요한 인물입니다. 그에게는 '카에이루', '레이스', '캄푸스' 등등 무려 70~120개에 이르는 이름이 있었다고 합니다. 단지 이름만 달랐던 게 아니라 이름별로 고유한 인격을 부여해 다른 언어와 문체로 작품을 남기기도 했습니다. 직업 역시 이름만큼이나 다양해 시인, 작가, 문학 평론가, 번역가, 철학가 등으로 활동했답니다.

　　요즘 학교가 랩 열풍에 휩싸였다. 졸업생 선배 한 명이 랩 경연 프로 세미 파이널까지 올랐기 때문이다. 이번 주 방송에선 학교에서 사고뭉치로 살았다는 그가 학창 시절을 돌아보지만 결코 후회하지 않는다는 솔직한 심정을, 거칠고 차가운 비트 위에 속사포 가사로 쏟아내 많은 이들이 열광했다.

　　선배에게 미안하지만 처음엔 산적이 무대에 서 있는 줄 알았다. 그 인상 덕분에 랩 배틀에서 상대방이 가사를 절었다는 소문도 있었는데 직접 보니 충분한 이유가 될 것 같았다. 그런데 그 두툼한 입술에서 "비트 주세요."라는 목소리가 나올 때부터 뭔가 다르다는 것을 직감했다. 말 못 할 울분 같은 것들이 내 속에서 치솟았다가 한순간 공중에서 불꽃처럼 폭발하는 듯한 느낌에 소름이 돋았다고나 할까. 나도 살아가면서 비슷하게 느끼고 있던 불안과 불만 그리고 분노가 터지는 것 같았다. "너의 강요 가식 같은 반성, 시간의 좀비 같은 너야말로 참회"라는 훅이 하루 종일 머릿속에서 맴돌고 있다.

　　선배의 랩에 대한 평을 담은 나의 문자를 보고 친구 녀석이 나보고 랩 가사를 한번 써 보라고 했다. 소질이 있어 보인단다.

　　하얀 종이를 마주한 채 책상 앞에 앉은 지 벌써 세 시간이 지났다. 엄마는 저녁 먹으라며 소리를 치신다. 겨우 펀치라인 하나를 썼다. "밥 먹어 그래 밥이라도 먹어."라고. 그런데 가사를 쓰려면 비트라도 먼저 깔아 놓아야 하는 건 아닐까? 저기요, 누가 비트 좀 주세요!

대중문화의 '인싸', 래퍼

비트에 맞춰 말하듯이 메시지를 전달하는 음악, '랩^{rap}'. 우리나라에서 최근 인기가 급상승한 음악이기도 하죠. 래퍼들의 당당하고 거침없는 노래는 지치고 힘든 이들에겐 위로와 희망이 되고, 그들의 언행과 패션은 유행을 선도합니다. 빈민가에 살던 소수의 흑인 사이에서 시작된 랩 음악이 어떻게 대중문화의 아이콘으로 자리 잡게 되었을까요? 랩의 이모저모를 살피며 래퍼들이 꿈꾸는 세상을 들여다봅시다.

"스왜그 넘치는 무대", "플렉스 해 버렸지 뭐야", "디스 아닌 리스펙을!" 래퍼들이 자신감을 표현하는 말이나 행동을 가리키는 '스왜그^{swag}', 돈이나 귀중품을 과시하는 행위인 '플렉스^{flex}', 상대 래퍼에 대한 비방이나 공격을 뜻하는 '디스^{dis}' 등은 랩의 높은 인기와 함께 일상 속 유행어로 자리 잡았습니다. 래퍼들이 펼치는

'디스 배틀^{dis battle}'은 상대방을 깎아내리면서 자신의 랩 실력을 자랑하는 문화로 색다른 재미를 선사합니다. 디스의 반대말로 '리스펙^{respect}'은 상대에게 경의를 표할 때 자주 사용하죠.

'랩'은 '힙합^{hiphop}'의 하위 장르로 출발한 음악입니다. 힙합은 1970년대 미국 뉴욕 빈민가에 거주하던 흑인들이 자유와 즉흥성을 중시하며 형성한 문화를 뜻하는 말입니다. 힙합을 구성하는 요소는 크게 '음악, 춤, 그라피티'로 나뉘는데, 랩은 그중에서 음악에 해당하죠. 랩은 반복적인 비트에 맞춰 특유의 방식으로 노래하며 가사를 전달합니다. 디제이가 음반의 표면을 긁거나 여러 음악을 섞어서 즉흥적으로 새로운 음악을 창작하는 '디제잉^{DJing}'과 입으로 각종 악기 소리를 내며 리듬을 만드는 '비트박스^{beat box}'도 힙합 음악의 요소입니다. 스프레이 페인트로 벽에 낙서하듯 그림을 그리는 '그라피티^{graffiti}'와 힙합 음악에 맞춰 춤을 추는 '비보잉^{b-boying}'도 힙합 문화의 하나입니다.

랩 음악은 DJ가 흥을 돋우기 위해 넣던 추임새가 변형·발전된 것으로 보는 견해가 많습니다. DJ들이 강렬한 리듬을 만들면서 내뱉은 말이 랩이라는 음악 장르를 탄생시킨 거죠. 흑인 음악계의 대부로 칭송받는 음악가 퀸시 존스(1933년~)는 랩에 대해 '현대 흑인음악에서 가장 혁명적인 표현 방식'이라고 평가한 바 있습니다.

랩은 리듬을 가진 시다

각 가사의 단어 및 음절을 비슷한 위치에 놓아 시처럼 운율감을 만드는 것을 '라임'이라고 합니다. 라임을 지닌 랩의 가사는 흔히 운율이 있는 '시(詩)'와 비교됩니다. '랩은 거리의 시'라는 말이 있을 정도로 둘 사이에는 서로 닮은 점이 많습니다. 시에서는 음악적인 효과를 주는 운율이 여러 싯구를 자연스럽게 연결해 준다면 랩에서는 라임이 음악적인 리듬감을 만듭니다.

예를 들어 윤동주의 「나의 길」이라는 시에는 "민들레가 피고 / 까치가 날고 / 아가씨가 지나고 / 바람이 일고"라는 부분이 있는데 '~고'라는 각운을 통해 운율을 형성합니다. 이는 랩 가사의 구절을 각운에 맞춰 연결하는 라임과 유사하죠. 다음은 화나^{FANA}라는 가수의 〈섬〉이란 곡의 랩 가사입니다. "문득 아주 낯선 내 모습 / 한참을 마주 봤어 / 하찮은 마음속의 작은 낙서 / 여전히 못 찾는 단서 / 실마린 자꾸 단선" 여기서 '봤어, 낙서, 단서, 단선' 등의 모음 발음인 'ㅏ'와 'ㅓ'가 라임으로 시의 각운 같은 역할을 하고 있습니다.

시와 랩은 음악적 리듬감에서 유사할 뿐 아니라 전하려는 생각이나 감정을 언어유희로 풀어낼 수 있다는 점에서도 비슷합니다. "넌 요즘 권투계랑 똑같아. 알 리 없지."(스윙스의 〈불도저〉), "성취감 결핍은 내 피부처럼 사라질 기미가 보이지 않네."(지코의 〈터프 쿠키〉) 가사처럼 랩에서는 풍자와 해학을 담아 여러 단어를 기발하게 연결해 재미와 감동을 주는 가사를 흔히 찾을 수 있습니다.

한편 시가 원래는 입에서 입으로 전해 내려오는 구전문학이었던 것처럼 랩이 말과 소리를 이용하는 예술이라는 점도 시와 랩이 연결되는 지점입니다. 마치 래퍼들이 랩 배틀을 하듯이 고대 그리스와 아프리카에서도 시를 가지고 대결을 벌이는 행사가 있었다고 합니다.

래퍼들이 벌이는 랩 배틀에서 승자와 패자를 나누는 기준은 무엇일까요? 전문가들이 꼽는 주요 심사 기준은 박자감, 순간적으로 딱 맞아떨어지는 재치 있고 논리적인 표현과 메시지, 그리고 자신의 개성을 드러내는 스타일이랍니다. 특히 래퍼가 사용하는 단어들은 랩 배틀의 성패를 가르는 데 중요한 역할을 합니다. 즉흥적으로 이루어지는 프리 스타일 랩에서는 어휘력이 풍부한 래퍼의 활약이 더욱 두드러집니다. 랩을 잘하려면 어휘력을 늘려야 하고, 어휘력을 늘리고 싶다면 글을 많이 읽고 여러 사람과 대화를 많이 나누어야 합니다. 나아가 세상에서 일어나는 다양한 일에도 관심을 쏟아야 합니다. 작사 실력이 뛰어난 래퍼가 되어야 사람들의 기억 속에 오래오래 남을 수 있습니다.

랩의 발전기

힙합은 1980년대부터 대중음악의 한 장르로 자리매김합니다. 1981년, 미국 그룹 블론디가 만든 〈랩처^{Rapture}〉라는 곡은 가사에 랩을 도입한 곡으로는 최초로 빌보드 차트에서 1위를 차지해, 랩이 기성 문화로 인정받는 데 큰 기여를 합니다.

1980년대 중반에는 갱스터 랩이 등장하면서 과격하고 공격적인 랩이 선풍적인 인기를 끕니다. 갱스터 랩의 가사는 사회적 약자에 대한 비난과 욕설, 폭력적인 표현으로 가득해, 랩에 대한 부정적인 인식을 싹틔우기도 했죠. 하지만 무엇보다 랩은 흑인에게 가해지는 억압과 차별에 대한 불만과 울분을 거침없이 토해 낼 수 있는 수단이기도 했습니다.

힙합 음악은 1990년대 들어 황금기를 맞이합니다. 이 시기에 현대 힙합의 다양한 장르가 생겨났습니다. 덕분에 랩의 비트와 리듬감이 더욱 풍성해졌죠. 오늘날 힙합 음악의 주축을 이루는 일명 '붐뱁', '트랩', '래칫', '어반 힙합'*이라는 장르도 모두 이 시기에 탄

● 붐뱁은 드럼을 중심으로 한 둔탁하고 강한 음향이 특징인 랩(1980년대 후반에서 1990년대까지 크게 유행), 트랩은 상대적으로 느린 비트 위에 신디사이저와 하이햇(2장의 심벌) 연주를 더한 것이 특징인 랩(2000년대 중반 이후 유행), 한쪽으로만 도는 톱니바퀴를 뜻하는 래칫은 단순하고 반복적인 리듬이 특징인 랩이다. 한편 어반 힙합은 노래하듯이 랩 하는 일종의 멜로디 랩이다.

생했습니다.

랩 음악은 2000년대 중반을 거치면서 주류 음악인 팝과도 교류하며 미국뿐 아니라 한국에서도 가장 상업적이고 인기 있는 대중음악 장르가 되었답니다.

저항과 치유의 음악

힙합에 역사적인 전환점을 마련해 준 전설적인 곡이 있답니다. 바로 1982년 '그랜드마스터 플래시 앤 더 퓨리어스 파이브'가 발표한 〈더 메시지The message〉라는 노래예요. 이 곡이 발표됐을 당시 음악계와 대중은 큰 충격을 받았다고 합니다. 노래 가사에 벌레가 득실대는 집, 쓰레기를 뒤지는 노숙자, 가난 때문에 범죄자로 전락하게 되는 사람들 등 흑인 빈민가의 절망적인 현실이 담긴 랩이었거든요. 이후 많은 래퍼가 가난과 범죄로 얼룩진 흑인 사회의 비참한 현실을 폭로하고, 사회적 불평등과 차별에 저항하는 메시지를 노래했습니다. 힙합은 잘못된 세상을 바로잡는 변화의 주체가 바로 흑인들 자신이라는 의식을 일깨운, 사회성 강한 음악이었던 것입니다.

한국에서도 힙합 오디션 프로그램에 참가했던 '빈첸'(이병재)이라는 고등학생 래퍼가 고달픈 일상 속에서 경험하고 느낀 솔직한 감정을 고스란히 랩 가사에 녹여 전달해서 화제가 되었죠. "그대들의 돈은 노력인가요 집안인가요 그걸 떠나 그대들은 어떤 기분이신가요 … 끼니 한번 때울 때 6천 원이 넘어가는 게 겁이 날 때 제가 너무 싫어져요."(빈첸, 〈그대들은 어떤 기분이신가요〉에서) 낮게 읊조리듯 진행되는 담담한 플로우에 담긴, 가난한 이들의 삶에 무관심한 부자들과 사회적 불평등을 꼬집는 메시지는 듣는 이들에게 깊은 울림을 주었습니다.

차별과 불평등이 가득한 세상 속에서 경험하는 절망, 슬픔, 좌절 같은 감정을 제대로 해소하지 못할 때, 그런 감정들이 분노로 분출되기도 합니다. 심리학자들은 분노가 반드시 나쁜 것이라고 보지 않는답니다. 답답한 현실 속에서 우리는 때때로 분노를 통해 격한 감정을 표출하며 자신을 지킬 줄도 알아야 한다고요. 그런 점에서 거칠고 솔직한 감정 표현으로 가득 찬 랩은 사람들이 자신의 감정을 표현하는 데 익숙해지도록 돕고, 나아가 정신 건강에 긍정적인 영향을 줄 수 있어요.

미국에는 정신적인 문제로 고통받는 청소년을 위한 '비트 라임 그리고 삶Beats Rhymes and Life'이라는 힙합 치유 전문 기관이 있습니다. 이곳에서 제공하는 16주간의 힙합 치유 프로그램에 참가한 청소년은 자신의 마음을 들여다보고 돌보는 방법을 배웁니다. 평소에 혼자서 속으로만 억누르고 있던 이야기나 감정, 생각을 랩 가사로

써 보고, 그것을 직접 내뱉으면서 상처와 고통을 치유하는 시간을 보내죠. 정신 건강 의학 전문가들은 대부분 랩이 스트레스를 해소하고 우울증을 치료하는 과정에 도움을 줄 수 있다고 말합니다.

하지만 여전히 랩 음악을 부정적인 시선으로 바라보는 사람이 많습니다. 주로 비도덕적이거나 무책임한 래퍼들의 언행, 자신의 성공을 지나친 사치와 허세로 뽐내는 태도를 비판합니다. 일부 래퍼들은 단지 재미나 관심을 끌기 위해 사회적 약자를 비하하거나, 디스전이라는 명분으로 인신공격이나 혐오가 담긴 표현을 거침없이 내뱉곤 합니다. 하지만 어떤 경우에도 범죄나 폭력을 미화하고 다른 사람의 존엄성을 짓밟는 일은 허용할 수 없습니다.

힙합 문화에는 '스트리트 크레드street cred', 우리말로 '거리의 평판'이라는 전통이 있습니다. 진짜 래퍼로 인정받기 위해 지켜야 할 원칙 같은 것이죠. 스트리트 크레드의 중요한 내용은 다음과 같습니다. '직접 겪은 일을 이야기할 것', '거짓을 말하지 말 것', '말과 행동이 일치할 것'. 스크리트 크레드를 지키지 않는다면 세상을 변화시켜 온 힙합 문화의 핵심을 외면한다는 뜻이기에 아무리 랩을 잘해도 제대로 힙합 문화를 누리고 있다고 할 수 없습니다. 그런 의미에서 불평등한 세상을 바로잡아 가려고 하는 문화로서의 랩의 가치는 사회적 현실과 삶의 진실을 외면하지 않는 진정성 있는 래퍼들을 통해 실현되고 있는 것입니다.

LEVEL UP!

지식뿜뿜!

랩의 요소들

랩을 다른 음악 장르와 구분시켜 주는 요소들이 있습니다. 하나씩 살펴볼까요?

'비트beat'는 똑같거나 비슷한 소리가 강하거나 여리게 반복되는 배경 소리를 말합니다. 랩 가사가 비트에 잘 들어맞아야 듣기 좋은 랩이 되기 때문에 비트를 잘 고르는 것이 중요한데요. 예전에는 랩에 쓰이는 비트를 주로 4분의 4 박자의 드럼 소리로 만들었는데, 지금은 여러 첨단 장비를 이용해 다양한 빠르기와 박자를 지닌 비트를 만들어 낼 수 있답니다.

'라임rhyme'은 각 가사의 단어 및 음절을 비슷한 위치에 놓아 시처럼 운율감을 만드는 것을 의미해요. 랩이 처음 도입되던 때에는 같은 음절로 라임을 맞췄습니다. 예를 들어 '코딱지, 게딱지, 화딱지'의 '딱지'처럼 같은 음절을 비슷한 위치에 두어 리듬감을 더하는 식이죠. 최근에는 발음이나 강약, 음의 높낮이 등 다양한 방식을 통해 라임을 만들어 내기도 합니다. 우리나라 랩에서는 주로 "발 없는 말은 천 리를 가고 / 비트는 내 말을 춤추게 하고 / 랩이 된 내 말은 인기를 누려 / 모두들 내 말에 귀 기울여"처럼 비슷한 모음을 이용해 라임을 맞춘답니다.

'**플로우**flow'는 래퍼가 리듬 또는 흐름을 타는 것을 말합니다. 말하는 속도, 높낮이, 강약 등을 활용해 랩에 리듬감이나 생동감을 더하는 것을 통틀어 '플로우'라고 부르죠. 앞서 설명한 라임도 플로우를 구성하는 요소 가운데 하나입니다. 래퍼들은 저마다 자신만의 플로우가 있어요. 빠른 랩, 엇박자, 흥얼거리는 듯한 플로우, 끊어 말하는 듯한 플로우 등 다양하죠.

'**벌스**verse'는 우리말로 '절'을 의미하는데, 1벌스는 1절이라고 보면 됩니다. 보통 16마디로 구성되어 있어요.

벌스의 사이사이에 들어가는 것이 바로 '**훅**hook'입니다. '갈고리'를 뜻하는 훅은 두 번 이상 반복되는 짧은 후렴구예요. 훅이 매력적이어야 랩이 입에 계속 맴돌고 뇌리에도 박히게 된답니다.

'**펀치라인**punchline'은 라임의 고급 기술로, 발음이 같거나 비슷하지만 뜻이 다른 말을 절묘하게 활용해 상대의 허를 찌를 정도로 재치 있는 표현을 가리킨답니다.

#8
구독

앉으나 서나 스트리밍

-10,700 스트리밍 결제

-9,900 책 결제

-16,500 치킨 결제

-8,900 샐러드 결제

-7,900 햄버거 결제

-24,000 너튜브 결제

-6,500 게임 결제

오늘 밤에는 가족과 함께 TV 앞에 모여 앉아 코로나가 바꾼 일상에 대한 다큐를 봤다. 이렇게 함께 TV를 보는 것도 오랜만이다. 아빠가 대표로 가입한 무제한 영상 구독 서비스 덕분이다.

다큐 중간에 코로나로 바뀐 것이 뱃살과 생활비 증가라는 시민들의 인터뷰가 이어졌는데… "뱃살이 늘었지, 안 그래, 당신?" 아빠가 나초에 갈릭 소스를 찍어 입에 넣으려는 순간, 엄마의 송곳 같은 말이 대뜸 튀어나왔다. 아빠는 엄마의 시선을 피하면서도 입으로 향하는 손은 멈추지 않았다.

아빠는 엄마의 눈을 피하기 위해 괜히 스마트폰을 살피기 시작했다. "어? 영상 구독 서비스, 가족 공짜 혜택이 사라졌잖아? 언제부터지? 구독료도 인상됐네!" 아빠의 스마트폰에 모두의 시선이 쏠렸다. 헉! 나도 구독 서비스들을 다시 살펴봤는데 예전에 가입했다가 취소했다고 믿고 있던 게임 앱에서 정기적으로 돈이 나가고 있었다. 맙소사.

"구독 취소가 왜 이리 복잡해!" 아빠가 가입보다 취소가 수백 배 어렵다는 불평을 쏟아 내며 냉장고 문을 열었다. "샐러드는 왜 이리 많이 쌓여 있지?" 얼마 전 샐러드까지 정기 구독을 할 수 있는지 몰랐다며 엄마가 뭔가를 신청하던 모습이 떠올랐다. 매서운 엄마의 눈빛에 나는 입을 다물었다. 가족의 평화를 위해 엄마의 뱃살 대책이 성공적이길 빌어 본다.

'구독의 시대'가 도래하다

신문이나 잡지를 받아 볼 때 쓰던 '구독'이라는 말이 이제는 영화와 음악 등의 콘텐츠부터 음식, 생활용품, 이동 수단까지 다양한 분야에서 사용되고 있습니다. 일정 금액을 내고 원하는 상품이나 서비스를 정기적으로 제공받는 사람들이 갈수록 늘고 있기 때문입니다. 이렇게 구독의 형태로 이루어지는 경제활동을 통틀어 '구독 경제'라고 합니다. 최근 체험 중심의 소비문화와 디지털 기술에 힘입어 우리의 일상에 구독 경제가 빠르게 파고들고 있는데요. 우리나라뿐 아니라 세계적인 트렌드로 떠오른 구독 경제의 성장 배경과 특징을 살펴보고, 그에 맞는 현명한 소비 방법에 대해 생각해 봅니다.

미국의 IT 기업가인 티엔 추오는 2000년대 후반부터 의식주를 포함한 모든 산업 영역으로 빠르게 확산하는 구독 형태의 경제활동에 주목하며 '구독 경제^{subscription economy}'라는 용어를 최초로 사용했습니다. 구독 경제란 '사용자가 일정 기간 구독료를 지불하고 상품이나 서비스를 이용하는 경제 활동'을 말하는데요. 소비 활동뿐 아니라 생산과 유통 등 경제 전반에 걸친 산업 환경까지 포함하는 말입니다.

이러한 구독 경제의 가장 대표적인 사례로는 '넷플릭스'를 들 수 있습니다. 넷플릭스는 매달 일정 금액을 내면 영화나 드라마를 포함한 영상 콘텐츠를 볼 수 있는 온라인 동영상 스트리밍 서비스로, 현재 전 세계 유료 가입자 수가 무려 2억 명이 넘어요. 우리나라에도 넷플릭스 열풍이 불며 구독자가 급증해, 2022년 한 해 국내에서만 7,733억 원이 넘는 매출을 기록했다고 합니다.

넷플릭스의 성공 이후 구독 경제는 여러 분야로 확산했습니다. 생필품과 문화 상품에서 더 나아가 헬스클럽이나 병원 같은 건강, 의료, 주거, 자동차 서비스 등에 이르기까지 그 사업 영역이 확장되어 우리의 일상 다방면으로 스며들고 있습니다.

구독 서비스는 소비에 대한 기존의 생각들도 바꾸고 있습니다. 자동차 구독 서비스는 소비자가 매달 일정 금액만 지불하면 원하는 차량을 자유롭게 변경해 가며 탈 수 있게 해 줍니다. 자동차가 소유하는 상품에서 경험하는 서비스로 변하고 있다는 뜻이겠죠.

'온택트' 대한민국

우리나라의 구독 경제는 전례 없이 빠르게 확산하며 성장하고 있습니다. KT경제경영연구소의 조사에 따르면, 구독 경제 시장 규모는 2015년 24조 5,000억 원에서 2020년 40조 1,000억 원으로 증가하는 등, 전반적인 경기 침체 속에서도 빠른 성장을 거듭해 왔죠.

구독 경제의 급성장에는 코로나19가 가져온 일상의 변화가 큰 역할을 했습니다. 감염의 우려로 인한 사회적 거리 두기와 비대면·비접촉이 강화되면서 사람들의 소비 활동 전반에 변화가 일어났죠. 온라인 쇼핑과 배달 방식의 비대면 산업이 활성화됐고, 집에 머무는 시간이 늘면서 영상이나 책, 음악 같은 콘텐츠를 구독하는 사람도 늘어났습니다. 또 집에서 취미 생활이나 운동, 학습을 하는 시간이 늘어남에 따라 새로운 형태의 구독 서비스가 등장해 이전과는 다른 차원의 소비를 이끌고 있어요. 전문가들은 비대면을 뜻하는 언택트 시대를 넘어 온라인을 통한 외부와의 '연결On'을 더한 온택트 시대가 도래하면서 구독 경제가 더욱 성장하고 있다고 분석하기도 한답니다.

한국토익위원회의 2022년 조사에 따르면, 응답자 10명 중 8명(85.2%)이 구독 서비스를 이용하고 있거나 경험해 본 적이 있다

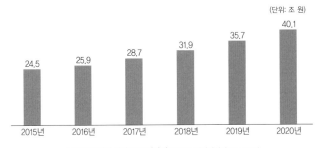

국내 구독 경제 시장 규모 성장세(자료: KT경제경영연구소, 2021)

고 답했습니다. 가장 선호하는 구독 서비스는 영상(46.2%), 음원(24.5%), 쇼핑(13.3%), 도서 및 웹툰(5.2%) 순서였고, 구독을 하는 주된 이유는 다양한 서비스와 혜택을 누릴 수 있어서(72.8%)와 가성비가 더 좋기 때문에(38.4%)라는 답이 가장 많았습니다. 월평균 구독 서비스 비용은 1만 원에서 2만 원 사이(32.6%)가 가장 많았는데요. 3만 원 이상 쓴다는 사람(8.3%)도 적지 않았습니다.

구독 경제 세계 1위 미국, 무제한 구독의 천국 일본

미국은 구독 경제의 종주국으로, 2007년부터 유행하기 시작해 현재 전 세계에서 구독 서비스가 가장 활발한 나라입니다. 2020년 미국 IMA리서치의 조사에 따르면, 미국 온라인 상거래 고객의 86%가 구독 서비스를 사용하고 있다는데요. 구독 서비스 이용자 중 절반 이상이 5개가 넘는 구독 서비스를 이용한다고 합니다.

구독 서비스의 종류도 점점 다양한 형태로 진화하고 있습니다. 각종 생필품은 물론 미용, 의료, 반려동물 용품, 꽃, 고급 자동차와 심지어 주택까지 구독 서비스를 이용할 수 있고, 월 구독료를 내면 병원에서 24시간 건강검진을 받을 수 있는 의료 구독 서비스도 시행 중이랍니다. 개인뿐 아니라 심지어 기업들도 타이어, 항공기 엔진 등 각종 산업용 제품이 필요할 때 구독 서비스를 활용한다고 합니다.

대한무역투자진흥공사에 따르면, 일본의 경우 최근 8년간 구독 서비스 관련 매출이 무려 네 배 가까이 증가했습니다. 한 맥주 회사가 운영하는 '비어 투 고Beer To Go'는 일본에서 인기 있는 구독 서비스 중 하나입니다. 월 구독료를 내면 수제 맥주 1종을 매일 마실 수 있죠.

한편 재난 대비용 컵라면 정기 배송 같은 구독 서비스도 등장했습니다. 폭풍, 홍수, 지진, 화재 등의 재난과 재해에 대비한 구독 서비스가 큰 호응을 얻고 있어요.

왜 구독을 할까?

상품을 구독하는 일은 소비자와 기업 모두에게 이익을 가져다줍니다. 먼저 소비자의 입장에서는 필요한 제품을 매번 선택하고 구매하는 데 들이는 시간과 비용을 아낄 수 있습니다. 만약 각각의 상품을 일일이 구매한다면 경제적 부담이 매우 크겠지만, 구독을 하면 훨씬 저렴한 비용으로 다양한 상품을 경험할 수 있습니다.

가령 자동차를 좋아하는 사람은 일정 기간 특정 브랜드의 차량 여러 대를 구독 신청하고 각 차량을 정해진 횟수만큼 바꿔 탈 수 있어요. 물론 구독자는 차량을 소유할 수 없습니다. 하지만 사용 기간에 계속해서 높은 만족도를 유지할 수 있다는 확실한 장점이 있죠.

오늘날 구독 경제의 중요한 특징은 판매 대상이 '상품'에서 '서비스'로 전환되고 있다는 점입니다. 물건을 소유하지 않고 체험하는 것이기 때문에 매번 다른 물건을 구매하지 않아도 되고, 경제 활동 전반에 소모되는 자원의 양이 줄어 환경을 보호하는 효과도 생긴답니다.

기업 입장에서도 구독 경제는 매력적입니다. 한번 회원 가입이 이뤄지면 비교적 오랜 기간 계약이 유지되기 때문에 상품과 서비스 개발에 활력이 생기고 장기간 고객을 확보할 수 있거든요. 기존의 제품 구매가 일회성 소비에 그칠 수 있는 데 비해 안정적인 수익 구조가 마련되는 셈이에요.

구독 경제 시장을 이끄는 또 다른 주역은 일명 'MZ세대'라 불리는 10대~30대 청년층입니다. 이들 세대는 10명 중 8명이 구독 서비스를 이용한다는 통계가 있을 정도인데요. '가성비(가격 대비 성능의 비율)'와 '가심비(가격 대비 심리적 만족의 비율)'를 모두 중요하게 따지는 MZ세대의 소비 패턴은 자연스럽게 구독 서비스의 이용과 연결되고 있습니다.

또한 구독 경제는 우리 사회의 변화 양상과 맞물려 계속 발전할 것으로 보입니다. 특히 1인 가구 및 고령 가구의 증가는 구독 경제의 중요한 성장 동력이 될 전망인데요. 1인 가구의 주거 형태와 생계 활동은 부부와 자녀로 이뤄진 가족 중심의 가구에 비해 변화의 여지가 많습니다. 1인 가구는 상대적으로 간편한 라이프 스타일을 선호해요. 매번 물건을 고르고 사는 일이 불편할 수 있는 고령자 역시 구독과 같은 맞춤형 서비스에 큰 매력을 느낍니다.

거기에 인공지능을 탑재한 모바일 기기의 발전과 하루가 다르게 발전하고 있는 빅데이터 수집·분석 기술은 계속해서 구독 경제에 날개를 달아 줄 전망입니다.

구독 서비스는 유통 단계를 간소화하고 불필요한 생산을 줄여 가격의 거품을 없애고, 자원 낭비를 줄여 환경보호에도 도움을 줄 수 있는 경제활동입니다. 하지만 구독 활동에 따른 부작용을 우려하는 목소리도 나오고 있습니다. 상품의 유통 단계나 생산량이 줄어들면 이와 관련한 산업 종사자의 대량 실직과 실업 사태를 피할 수 없다는 지적이 대표적입니다.

또한 구독 서비스 사업이 대기업과 중소기업 간 양극화를 심화할 것이라는 우려도 커지고 있습니다. 구독 서비스 사업에서 성공하기 위해서는 해당 기업의 자본, 신뢰도, 인지도, 다양한 유통 채널이 중요한데 규모가 작은 사업체가 감당하기에는 어려운 조건이기 때문입니다. 구독 서비스 사업을 펼치기에 유리한 대기업이 구독 경제의 이익을 독점하고 중소기업 및 자영업자는 극심한 피해를 입게 될 수밖에 없겠죠. 이는 구독 경제의 성장 속에서 반드시 고민해야 할 부분입니다.

구독 서비스의 종류

구독 서비스는 크게 세 가지로 구분할 수 있습니다. 첫 번째는 '정기 배송형' 구독 서비스로, 식품과 생필품을 필요한 날짜와 시간에 편리하게 제공받는 서비스입니다. 두 번째는 흔히 '렌털'이라고 부르는 대여 서비스입니다. 정수기, 매트리스, 식기 세척기, 가구, 자동차 등을 구독해 정기 점검 및 소모품 교체 서비스를 받거나 제품을 아예 주기적으로 바꿔 이용할 수 있습니다. 세 번째는 '무제한 이용형'으로 주로 영상이나 음악, 도서 등 문화 상품에 적용하는 서비스입니다. 일정한 금액을 정기적으로 지불하고 자신이 원하는 콘텐츠를 무제한으로 감상하는 방식이죠. 코로나19 사태 이후 무제한 이용형 서비스는 구독 경제의 가장 중요한 성장 동력으로 떠올랐습니다.

이 세 가지 구독 서비스의 공통적인 장점은 '이용자 맞춤형' 서비스라는 점입니다. 구독자 개인의 라이프 스타일을 고려해 가장 적절한 서비스를 제공하는 방식으로 '큐레이션 서비스'라고도 한답니다.

구독 경제 vs. 공유 경제

구독 경제는 물질을 소유하기보다는 사용한다는 가치에 중점을 둔다는 점에서 공유 경제와 비슷한 점이 있습니다. 하지만 구독 경제와 공유 경제는 수익 구조와 경제 전반에 미치는 영향이 전혀 다르답니다.

공유 경제는 한번 생산된 제품을 여럿이 공유해 사용함으로써 자원 활용을 극대화하는 경제활동 모델입니다. 자본주의경제의 대량 생산과 대량 소비 체제에 반대하는 의미에서 생겨난 개념이죠. 하지만 자유로운 소비 활동을 위축시킨다는 점에서 전통적인 산업계로부터 거센 저항을 받기도 합니다. 공유 경제에서는 소비하려는 사람과 제품 및 서비스를 제공할 수 있는 사람이 중개 플랫폼에서 만나 직접 거래를 합니다. 이 과정에서 수수료 장사로 플랫폼 기업만 큰돈을 벌 수도 있어 원래의 취지가 왜곡되고 중개자에게 휘둘릴 수 있다는 지적을 받기도 하죠.

공유 경제와 비교해 구독 경제는 기업의 전통적인 판매 방식에 새롭게 추가된 수익 모델의 하나로 바라볼 수 있습니다. 여전히 공급자(기업)가 사업을 주도한다는 점에서 공유 경제처럼 기존 산업계에 위기감을 주거나 타격을 입힐 위험이 없답니다.

3부

소비한다, 고로
존재한다

#9

플렉스
지갑은 열린 문

우리 반에서 명품 인싸로 통하는 서준이 녀석 지갑이 '루이○○'에서 '구○'로 업데이트됐다. 떡볶이집에서 친구들과, 서준이가 몸에 걸친 명품 가격을 합치면 과연 얼마나 되는지 계산해 봤다. 청재킷 160만 원, 입으면 자존감이 10배 이상 커진다는 명품 상의 65만 원, 같은 브랜드 바지는 55만 원, 요즘 인기 순위 1위인 스니커즈가 대략 70만 원…. 서준아, 안 그런 척했지만 사실 네가 부럽다.

스니커즈가 너무 갖고 싶은 나머지, 부모님 손을 빌리기로 했다. 스니커즈의 품질과 희소가치를 과제 발표 수준으로 설명했고 이 스니커즈를 신으면 내 자존감이 무한에 가깝게 올라갈 것이라고 말했다. 물론 가격을 본 후 두 분은 입을 다물지 못했다. 하지만 내겐 부모님을 한 방에 보낼 수 있는 결정타가 있었다. "우리 반에 이 신발 없는 애는 나밖에 없어요."

부모님은 일단 주말에 백화점에 가 보자고 했다. 요즘 명품은 사고 싶다고 해서 다 살 수 있는 것도 아니라고 한다. 백화점 문이 열리자마자 명품 매장으로 수많은 사람이 달려가 순식간에 물건이 동나는 모습을 뉴스에서 본 기억도 있다. 엄마는 모 명품 브랜드의 가방을 꼭 구경할 거라고 했는데 옆에서 아빠는 고개를 절레절레 흔들었다.

문득 궁금해진다. 명품이 도대체 뭐길래 어른들뿐 아니라 내 또래들의 일상까지 뒤흔들고 있는 걸까. 그리고 도대체 왜 그렇게 비싼 거야?

대체 명품이 뭐길래

코로나19와 그 후유증으로 인한 경제 불황에도 불구하고, 흔히 '명품'이라 불리는 값비싼 유명 브랜드 상품의 소비가 증가하고 있습니다. 문이 열리기도 전에 명품 가방을 구매하려는 사람들이 백화점 앞에 길게 줄을 서는가 하면, 면세점의 명품 할인 이벤트 때면 조기 품절 사태로 한바탕 소동이 일어나기도 합니다. 유튜브나 인스타그램 등의 영향으로 명품 리셀링, 플렉스와 같은 소비문화가 유행하면서 청소년 사이에서도 명품 열풍이 불고 있습니다. 우리는 명품에 왜 이토록 열광하는 걸까요? 명품 소비의 사회적·경제적 의미를 자세히 살펴보고, 바람직한 소비 방법은 무엇인지 함께 생각해 봅시다.

'명품(名品)'의 사전적 의미는 '뛰어나거나 이름난 물건 또는 작품'입니다. 장인이라 불리는 훌륭한 기술자가 직접 손으로 제작한 물건이나 유명 예술가의 작품이 예전부터 명품이라고 불려 왔죠. 그러다 명품이라는 말이 오랫동안 사람들 사이에서 높은 품질을 인정받으며 고유한 가치를 키워 온 제조사의 이름 또는 그들이 만든 제품을 가리키는 말로도 쓰이게 되었어요.

특히 우리나라에서는 주로 루이비통, 샤넬, 에르메스, 프라다 등 고가의 외국 패션 브랜드 제품을 명품이라고 부르고 있습니다. 사실 이 제품들은 영어로 '럭셔리^{luxury}', 우리말 그대로 번역하자면 사치품인데 우리나라에서는 이 사치품들을 명품이라고 부르며, 값은 비싸지만 그만한 가치가 있는 고급 제품으로 여기고 있는 것이랍니다.

미국 모건스탠리에 따르면, 2022년 기준 국내 명품 소비 시장 규모는 무려 21조 원에 달하고, 국민 1인당 명품 소비 지출액에서는 우리나라가 세계 1위를 차지했습니다.

과시가 가치가 된 '플렉스 문화'

'플렉스^{flex}'는 영어로 '구부리다, 몸을 풀다'라는 의미로, 원래 운동하는 사람들이 등과 팔을 구부려 근육을 자랑하는 행위를 가리키는 말이었습니다. 그러다가 값비싼 사치품으로 온몸을 치장하거나 부유함을 과시한다는 의미로 미국의 힙합 문화 속에서 쓰이게 되었습니다. 우리나라에서는 랩 음악의 인기와 함께 유행어로 자리 잡았죠. 검소하게 살더라도 결국 부유한 미래를 보장받을 수 없다는 젊은 세대의 생각은, 플렉스를 추구하며 최소한 현재의 자존감을 잃지 않겠다는 삶의 태도와 연결되곤 합니다. 불확실한 미래에 대한 투자보다 현실의 플렉스를 더 가치 있게 바라보는 사람들이, 명품 소비에 대한 인식을 '과시 소비'에서 '가치 소비'로 전환했다는 분석도 나오고 있습니다.

연구에 따르면 명품 브랜드의 상품을 볼 때 우리 뇌에서 쾌감을 담당하는 부위가 활성화된다고 합니다. 이러한 쾌락은 인터넷 게임이나 약물이 주는 쾌락처럼 강한 중독성이 있습니다. 그래서 한순간의 기쁨을 위해 생활비를 모두 명품에 써 버리거나 무리하게 빚을 내 명품을 구매하는 사람도 늘고 있습니다.

명품 소비에 열광하고 중독되는 현상은 개인적인 차원의 문제만이 아닙니다. 부유층과 빈곤층이라는 사회적 양극화가 깊어지고 있는 상황에서, 명품 소비 능력의 격차는 계층 간 불화와 사회적 갈등을 더욱 심화시킬 수 있습니다.

명품 소비가 대중적으로 널리 퍼지면서 흔히 '짝퉁'으로 불리는 모조품의 불법 유통도 증가하고 있습니다. 저렴한 모조품을 구매하는 것은 소비자 개인에게 당장의 이익을 가져다주는 듯 보이지만, 경제 전반에는 부정적인 영향을 끼칩니다. 모조품의 제조와 소비는 국가신용도를 낮춰 무역 불균형을 심화할 수 있고, 진품의 가치를 훼손해 제조사의 기술과 노력을 헛되게 함으로써 경제 활동을 위축하는 결과를 낳습니다. 최근 가짜 명품을 판매해 번 돈이 테러 집단과 범죄 조직의 활동 자금으로 쓰인다는 사실이 밝혀지기도 했습니다. 이처럼 모조품을 생산하고 소비하는 행위는 경제 발전을 저해하고 일상의 안전까지 위협할 수 있습니다.

명품 소비에 반영된 심리

일반적으로 물건 가격이 너무 비싸면 소비 활동은 위축되는 경향을 보입니다. 하지만 명품과 같은 사치품은 아무리 비싸다 해도 소비가 줄지 않고 오히려 늘어나는 경향을 보이는데요. 명품 소비자에게는 비싼 제품이 그만큼 자신의 신분을 과시하는 데 효과적이라는 생각이 깔려 있기 때문입니다. 이처럼 과시욕이 반영된 비합리적인 소비 현상을 베블런 효과라고 합니다. 일부 특정 계층의 과시욕으로 인해 가격이 오르는데도 수요는 오히려 증가하는 현상을 말하죠. 이 말은 미국의 경제학자 베블런(1857~1929)이 자신의 저서 『유한계급론』(1899)에서 '상류층 계급의 두드러진 소비는 사회적 지위를 과시하기 위해 지각없이 행해진다'고 말한 데서 유래했어요.

하지만 베블런 효과는 상류층에만 국한된 이야기는 아니랍니다. 경제적으로 풍족하지 못한 사람들도 자신의 이미지를 높이기 위해 비싼 물건을 구입하곤 하는데요. 프랑스의 사회학자 장 보드리야르(1929~2007)는 이런 현상에 대해 '사치품을 구입함으로써 특정 계층에 편입되고자 하는 욕구가 반영된 것'이라고 분석하기도 했습니다.

이 밖에도 명품 소비 열풍에는 다양한 심리가 반영돼 있습니다. 우선 명품이 대중적으로 큰 인기를 끄는 것은 '편승 효과'라는 심리 용어로 설명할 수 있는데요. '남들도 하나쯤 갖고 있으니, 나도 장만해야지!' 하는 일종의 모방 심리가 작용한 것이랍니다.

명품 브랜드가 자신의 상품을 일반 상품과 차별화하고 고급화하려는 것은 스노브 효과에 따른 것이라고 설명할 수 있습니다. 스노브 효과는 어떤 상품을 소비하는 사람이 많아지면 그 상품의 구매를 꺼리게 되는 현상을 말하는데요. 매우 드문 예술품이나 명품 같은 차별적인 재화를 소비해 자신을 남들과 다른 특별한 존재로 부각하고 과시하고자 하는 사람들의 심리적 욕구를 부추겨 사치품 소비를 늘리는 것이죠.

특히 청소년 집단에서는 명품 소비가 증가하면 순식간에 유행으로 확산할 가능성이 높습니다. 10대의 경우, 또래 집단 내에서 특정 아이템이 유행하면 자신만 유행에서 뒤처지거나 소외되지 않을까 하는 불안감이 커져 이를 무비판적으로 수용하는 경향이 있기 때문입니다. 또래로부터 인정받고 동질감을 얻으려는 욕구가 명품 구입 열풍으로 이어지는 거죠.

장 보드리야르는 『소비의 사회』(1970)라는 책에서, 상품을 대량으로 소비할 수 있게 된 사회를 '소비사회'라고 이름 붙였습니다. 그는 소비사회에서 소비란 생존을 위해 상품을 사용하는 것을 넘어, 상품을 통해 자신을 드러내고 욕망이나 쾌락을 충족시키는 행위이며 현대사회가 그런 소비를 조장하는 사회라고 비판했는데요. 보드리야르의 주장처럼 오늘날 우리 사회는 점점 더 소비 지향적으로 변화하고 있습니다. 상품이나 돈을 숭배하는 물신주의가 만연해지면서 점점 더 많은 사람이 물건에 대한 욕망에 빠지고, 소비를 통해 그 욕망을 해소하며 쾌락을 얻게 됐죠. "소비한다, 고로 존재한다."라는 자조적인 말이 유행할 정도로 삶에서 소비가 차지하는 비중이 너무나 커졌습니다. 명품의 경우에는 제품이 보여주는 이미지의 힘이 더욱 강력해서 소비의 욕망이 더 크게 느껴질 수 있습니다. 혹여 우리가 명품 소비에 기대어 자신의 정체성과 가치를 느끼고 있는 것은 아닌지 한번쯤 되돌아볼 필요가 있습니다.

LEVEL UP!

지식 뿜뿜!

명품 신화의 뿌리

유명한 명품 브랜드 가운데에는 역사가 100년을 훌쩍 넘은 곳이 많습니다. 에르메스는 1837년 마구용품을 만드는 업체로 문을 열었고, 루이 비통은 1854년 가방 상점으로, 샤넬은 1909년 모자 상점으로 시작했죠. 오늘날까지 오래도록 명성을 유지하고 있는 명품 브랜드의 창업자 중에는 가죽을 다루는 기술이나 바느질 솜씨가 뛰어난 사람이 많았습니다.

이러한 명품 브랜드는 대부분 유럽에 뿌리를 둔 경우가 많습니다. 그 이유는 뭘까요? 근대 유럽의 군주제가 바로 명품 산업의 출발점이라고 할 수 있기 때문입니다. 유럽의 왕과 귀족들이 명품 제품의 주요 소비자였으니까요. 태양왕이라는 별명으로 유명한 프랑스 왕 루이 14세(1643~1715년 재위)는 왕실과 귀족의 수많은 사치품이 부족하지 않도록 아예 유럽 전역의 수공예 장인을 불러 모아 직접 만들도록 지시하기도 했답니다.

이후 19세기 말 군주제가 몰락하고 산업 자본이 들어서면서 명품 소비층은 신흥 부자나 유명인을 중심으로 확대되었죠. 당대의 스타로 불리는 영화배우가 명품 브랜드 상품들을 착용하면서 명품은 대중적으로도 높은 인기를 얻게 됩니다. 영국 왕실의 전 왕세자빈이었던 다이애나, 미국의 영부인이었던 재클린 케네디 등은 최고급 명품 브랜드 애용자로 늘 세간의 이목을 끌었습니다. 오드리 헵번의 지방시 드레스, 매릴린 먼로의 페라가모 구두 등 스타들의 명품 패션 아이템은 평범한 사람들의 꿈과 환상을 자극하며 명품 신화를 공고히 했답니다.

'휘소가치'에서 자유로워지기

MZ세대의 소비 경향을 대표하는 단어 중에 '휘소가치'라는 말이 있습니다. 휘소가치란 다른 사람에게는 곧 날아가 버릴 휘발적인 소비로 보일지라도 자신의 만족감을 최우선으로 추구하는 소비 형태를 의미합니다. 물론 정서적 만족감은 소비의 중요한 목적 중 하나지만, 감정에만 의지해 소비한다면 결국에는 허탈감과 후회가 찾아옵니다. 합리적인 소비를 하고 싶다면 물건을 사기 전에 스스로 다음과 같이 질문해 보세요.

- 나는 왜 이 상품을 원하는 걸까?
- 이 상품은 어떻게 활용할 수 있을까?
- 이 가격이 합리적일까?
- 이 상품을 사면 진정으로 행복해질 수 있을까?

비건
미래를 위한 실천

우리 가족은 고기를 좋아한다. 아빠는 삼겹살, 엄마는 양념갈비, 난 치킨을 특히 좋아한다. 그런데 엄마가 당분간 고기 없는 삶을 살겠다며 샐러드 배송을 구독하더니 냉장고 안이 온통 녹색이다. 그래서인지 나는 요즘 부쩍 허기를 느낄 때가 늘어났다. 친구들과 편의점에 가도 예전보다 고기류에 더 손이 간다. 그런데 오늘 편의점에서 '비건용 불닭 볶음'이라고 적힌 낯선 제품을 발견했다.

"비건이 뭐지?"라며 갸우뚱거리는 내게 아는 것도 많고 아는 척도 많은 민구가 "비건은 채식주의자잖아. 말 그대로 고기를 먹지 않는 사람들이지!" 포장을 자세히 살펴보니 콩으로 만든 식물성 고기라는 말이 아주 작게 붙어 있었다.

새로운 것에 대한 도전은 늘 그만한 가치가 있다고 생각하는 나는 콩고기에 한번 도전해 보기로 했다. 일단 고기처럼은 생겼다. 어묵 같은 덩어리가 불닭 소스와 버무려져 있었는데, 겉모습과는 달리 식감과 맛은 내가 그동안 만났던 고기랑은 좀 달랐다.

같이 먹던 호준이는 뭔가 보람찬 일을 하는 듯 눈을 반짝이며 젓가락을 바쁘게 움직인다. 그러면서 채식의 좋은 점을 말하기 시작했다. 우선 동물의 희생을 줄여서 좋고 환경에 도움도 되니까 우리 인간에게도 좋다는 거다. 듣다 보니 콩고기 맛도 그리 나쁘진 않았다. 좋은 기분이 좋은 맛도 부르나 보다.

채식주의자란 무엇일까?

'무엇을 어떻게 먹고 사느냐' 하는 것은 우리의 삶에서 아주 중요합니다. 고기류를 피하고 주로 채소, 과일, 해초 등 식물성 음식만을 먹는 '채식주의'가 '비건'이란 말과 함께 트렌드로 자리 잡고 있어요. 채식을 단지 건강을 위한 식습관이 아니라 동물과 환경을 보호하는 가치 있는 행동으로 여기는 사람이 늘고 있기 때문인데요. 하지만 채식주의에 대한 오해나 반감이 있는 사람도 적지 않습니다. 사회적 영향력이 커지고 있는 채식주의를 통해 우리의 식생활이 가진 사회적·문화적 의미를 생각해 봅시다.

일반적으로 '채식'이란 육류와 생선류를 제외하고 곡류, 두류, 견과류, 채소류, 과일류 등 식물성 식품만으로 이루어진 식사를 말합니다. 채식을 실천하는 사람들은 채식주의자, 영어로는 '베지테리언 vegetarian'이라고 부릅니다. 그런데 이 말이 채소를 뜻하는 영어인 '베지터블^{vegetable}'에서 유래했다고 생각하는 사람들이 많지만, 사실 어원은 '활기찬, 생기 있는'이라는 뜻의 라틴어 '베제투스^{vege-tus}'입니다.

채식주의자는 동물에서 유래한 것들 중 무엇을 먹고, 먹지 않느냐에 따라 플렉시테리언, 폴로 베지테리언, 페스코 베지테리언, 락토 베지테리언, 오보 베지테리언, 비건 등 여러 유형으로 구분되기도 합니다. 그중 가장 적극적인 채식주의자들이 바로 '비건'입니다. 이들은 육류, 해산물, 유제품, 가금류의 알, 꿀, 동물성 성분이 들어간 조미료 등 동물에게서 얻은 식품을 전부 먹지 않습니다. 그리고 음식뿐만 아니라 어떤 목적이나 용도로든 동물을 이용하는 것을 반대합니다. 동물의 가죽이나 털로 만든 옷과 물건을 쓰지 않고, 의약품·화장품 등의 개발을 위한 동물실험과 서커스·동물원 등 인간의 유희를 위해 동물을 이용하는 일에도 반대하죠. 완벽한 채식을 실천하며 삶의 방식과 태도도 함께 바꾸려고 하는 사람들, 그들이 바로 지금 가장 주목받고 있는 채식주의자인 비건입니다.

현재 전 세계에 걸쳐 채식주의 열풍을 이끄는 주인공은 1980년대 초에서 2000년대 초에 출생한 세대인 '밀레니얼 세대'입니다. 가성비 높은 소비보다 의미 있고 가치 있는 소비를 더 선호하는 이들 세대에게 채식은 윤리적이며 인류의 지속 가능성을 위한 생활 방식으로 자리 잡고 있습니다.

비건, 사회적 트렌드로 자리 잡다

'비건vegan'이라는 말은 영국의 동물 권리 운동가인 도널드 왓슨에 의해 처음 사용되었습니다. 채식주의자를 뜻하는 'vegetarian'의 앞 세 글자 'veg'와 마지막 두 글자 'an'을 따서 만든 말로, 왓슨은 1944년 비건소사이어티Vegan Society라는 협회를 만들면서 이 용어를 제안했어요. 이후 그는 동물의 고기뿐만 아니라 그 부산물에서 나오는 모든 제품을 철저히 배제하는 비거니즘veganism 운동을 적극적으로 펼쳐 나가게 됩니다.

자신이 비건이라는 것을 주위 사람들에게 알리는 사람들이 늘고 있습니다. 한국채식연합의 2022년 추정에 따르면 우리나라의 채식 인구는 150~200만 명으로, 10여 년 전과 비교해 약 열 배나 늘어난 숫자라고 합니다. 이렇게 채식에 관심 있는 사람이 늘면서 채식주의자를 위한 산업의 규모와 중요성도 커지고 있습니다. '비건vegan'과 '경제economics'를 합쳐 '채식주의자를 대상으로 하는 경제'를 뜻하는 '비거노믹스veganomics'라는 신조어가 등장할 정도인데요. 비거노믹스는 채식을 비롯해 동물성 재료를 쓰지 않고 물건을 만드는 산업 전반을 뜻하는 말입니다.

물론 비거노믹스의 주요 무대는 단연 식품업계입니다. 소고기가 아닌 식물성 고기로 만든 패티를 사용한 햄버거가 인기를 끌었고, 나홀로족이 선호하는 편의점의 간편식에도 비건 전용 식품이 등장했습니다. 달걀과 버터가 들어가지 않은 도시락, 콩고기를 사용한 김밥, 채식 계란, 비건 육포 등 식물성 재료로만 만든 다양한 제품을 편의점에서 찾아볼 수 있습니다. 서울에는 몇 년 전만 해도 10곳도 되지 않던 비건 전문 식당이 지금은 80곳 이상 운영되고 있다고 합니다. 비건식은 건강한 식사라는 이미지가 자리 잡아 채식주의자뿐 아니라 일반인에게도 좋은 반응을 얻고 있답니다.

비건의 유행은 식생활뿐 아니라 일상생활 전반으로 확대되고 있습니다. 화장품이나 생활용품 중에서 동물성 재료나 원료를 쓰지 않고 동물실험을 거치지 않은 제품에 대한 선호도가 높아졌고, 동물의 가죽이나 털을 이용하지 않으며 동물 학대가 없는 원재료를 이용해 만든 의류를 뜻하는 '비건 패션'도 인기를 끌고 있죠. 채식주의의 라이프 스타일이 미래를 위한 소비 방식으로 자리 잡으며 사회적 영향력이 더욱 커지고 있는 것이랍니다.

동물을 착취하지 않겠다는 신념

현재 불고 있는 채식 열풍은 동물에 대한 윤리적인 관심이 증가한 것과 큰 관련이 있습니다. 인간이 더 많은 고기를 생산하기 위해 가축들을 마치 공장에서 생산되는 물건처럼 취급하며 고통

속으로 내몰고 있는 현실을 깨달은 것이죠.

닭들의 경우, 몸도 움직이기 힘든 A4 용지 한 장 크기의 닭장 안에서 밤에도 환한 조명을 받으며 거의 매일 달걀을 낳고 있습니다. 알을 낳을 수 없는 수평아리는 부화가 되자마자 폐기되어 다른 동물의 사료로 쓰입니다.

젖소와 돼지의 현실도 크게 다르지 않습니다. 우유를 만들고 새끼를 낳는 일 외의 다른 일에는 전혀 에너지를 쓰지 못하도록 인간이 의도적으로 만든 좁은 공간에서 오로지 사료만 먹으며 하루하루를 살아갑니다. 인간에 의해 강제로 임신·출산을 겪으며 죽을 때까지 공장과 같은 우리 속에서 살아가야 하죠. 자연 수명이 20년인 소는 그 속에서 3~8개월, 수명이 15년인 수퇘지는 6개월, 수명이 8년인 닭은 3개월을 넘기지 못한 채 도축장으로 끌려갑니다.

이런 공장식 축산의 참혹한 현실이 밝혀지면서 그동안 육식에 대해 전혀 문제의식이 없었던 사람들이 달라지고 있습니다. 동물을 향한 야만적인 행위를 중지하고 학대받는 동물들을 외면해선 안 된다는 주장에 설득되어 조금씩 채식을 선택하고 있는 것이죠.

채식으로 환경을 보호한다

사람들이 채식을 선택하는 또 다른 이유는 비효율적인 에너지 소비를 줄이고 환경을 보호하기 위해서입니다. 전 세계적으로 육류 소비는 매년 꾸준히 증가하고 있습니다. 유럽이나 미국 등은 물론이고 쌀 위주의 식생활을 하던 아시아에서도 육류 소비가 빠른 속도로 증가하고 있죠. 유엔식량농업기구는 현 추세대로라면 세계 육류 소비는 2050년까지 지금의 70% 이상 증가할 것으로 전망했습니다.

미국 농무부에 따르면, 2020년 기준으로 전 세계에서 사육되는 소의 수가 무려 9억 8,000만 마리에 이릅니다. 가축 수가 늘어나면 가축들이 먹는 물 소비량이 증가하고, 물을 생산하는 데 따른 에너지 소비량도 증가하게 됩니다.

그런데 가축을 키우는 데 쓰는 물의 양이 어마어마합니다. 예를 들면 쌀 1kg을 생산하기 위해서는 물 3,000L가 필요한 데 비해, 쇠고기 1kg을 생산하기 위해서는 물 1만 5,500L가 필요하죠.

물뿐 아니라 가축의 먹이로 쓰이는 사료를 만들기 위한 곡물의 사용량도 증가합니다. 유엔식량농업기구에 따르면 실제로 전 세계 경작지의 33%가 가축 사료용 작물 생산에 이용되고, 사료용 작물 경작지 확대를 위해 매년 브라질의 아마존 지역과 같은 크기의 산림이 파괴되고 있습니다.

또 다른 문제는 축산업으로 안해 다량의 온실가스가 배출된다는 점입니다. 유엔식량농업기구의 2022년 발표에 따르면, 전 세계에서 축산업을 통해 배출되는 온실가스는 전체 배출량의 14.5%에 이릅니다. 특히 가축 가운데 소에서 나오는 배출량이 무려 65%를 차지하죠.

국제적 캠페인 '고기 없는 월요일'에 따르면, 만약 우리가 일주일에 하루만 채식을 실천해도 1인당 연간 2,268kg의 이산화탄소를 줄일 수 있다고 합니다. 이는 차량 500만 대가 운행할 때 발생하는 이산화탄소의 양과 같은 수준입니다.

채식하면 영양 결핍?

하지만 채식을 부정적으로 보는 시각도 만만치 않습니다. 채식에 반대하는 사람들이 대표적으로 지적하는 것은 영양 결핍 문제입니다. 채식만 하면 철분, 오메가3, 칼슘, 비타민D, 아연, 단백질, 비타민 B12가 부족할 수 있는데, 그중에서도 비타민 B12는 식물성 식품으로는 섭취가 불가능해 완전한 채식을 할 경우 결핍에 따른 면역·신경계 질환이 우려된다는 거죠.

이 외에도 과다한 섬유질 섭취로 인한 위벽 손상과 소화 불량

등이 채식의 부작용으로 언급되고 있고, 장내 무기물 흡수가 원활하지 못해 대사 활동에 문제가 생길 수 있다는 지적도 있습니다. 무엇보다 성장 및 호르몬 분비에 중요한 역할을 하는 철분과 칼슘, 단백질 속 필수 아미노산은 식물성 식품보다 육류를 통해 더 쉽게 섭취할 수 있다는 지적에 동의하는 사람도 많습니다.

지난 2016년 이탈리아에서는 채식주의자 부모 밑에서 자란 어린아이들이 영양실조에 걸린 일이 발생해 이를 계기로 '16세 이하 자녀의 채식 강요'를 금지하는 법안이 추진되기도 했습니다. 채식이 영양학적으로 완벽하지 못하다는 비판 속에서 더욱 건강한 채식을 위한 연구와 개발도 활발한 상황입니다.

하지만 식단과 영양에 관한 연구 보고서들은 채식과 육식에 대해 엇갈리는 견해를 내놓고 있습니다. 일반적으로 채식은 심혈관 질환이나 당뇨를 예방하는 데 도움을 주는 것으로 알려져 있습니다. 또한 식물성 식품 속 단백질의 종류는 매우 다양해 육식보다 영양학적으로 우수하다는 견해도 있어요. 하지만 영국의 옥스퍼드 대학 연구진은 채식주의자를 포함한 성인 4만 8,000여 명을 18년간 추적 조사한 결과, 비건에게서 뇌졸중 위험이 채식을 하지 않는 사람들보다 20% 높게 나왔다는 연구 결과를 발표해 논란이 되기도 했습니다. 정확한 이유는 불분명하지만 매우 낮은 콜레스테롤 수치나 비타민 B12 결핍이 뇌졸중 위험을 높인 것으로 추정했죠.

이처럼 채식과 육식은 어느 한쪽이 건강 면에서 완전한 우위에 있다고 보기 힘들며, 상황에 따라 이를 적절히 선택할 필요가 있어요. 가령 채식은 암 예방에는 도움이 되지만, 체력과 면역력을 키워야 하는 암 환자에게는 적절하지 않다고 합니다.

편견 없이 채식을 이해하기

'비건'이라는 말을 최초로 사용한 채식주의 단체인 비건소사이어티는 창립 50주년을 맞은 1994년부터 매년 11월 1일을 '세계비건의 날'로 기념하며 채식주의의 의미를 전 세계에 알리는 행사를 이어 가고 있습니다. 특히 '고기 없는 월요일'은 비틀즈의 멤버였던 폴 매카트니가 2009년 덴마크에서 열린 코펜하겐 기후변화회의 토론장에서 제안해 주목받은 행사인데요. 수많은 사람의 지지와 공감을 얻으며 일주일에 하루는 고기를 먹지 않는 운동이 전 세계로 확장되고 있습니다. 미국 뉴욕시의 1,700여 개 공립 학교는 '채식하는 금요일' 행사를 벌이며 학생들에게 육식이 아닌 채소 식단 급식만을 제공하기도 합니다.

최근 '채식할 권리'를 주장하는 목소리가 높아지면서 학교나 군대 등 단체 급식에서 채식을 제공하는 문제가 쟁점으로 떠오르기도 했습니다. '채식할 권리'가 단순히 음식의 선택권만이 아닌 생존의 문제일 수 있다는 인식이 사회적 힘을 얻고 있는 것입니다. 하지만 채식 급식을 위해 공적인 자금을 투입하는 문제에 대해서는 여전히 반대 여론이 더 큰 상황입니다. 또 일부 채식주의자의 '채식 강요'나 '육식 비판'에 반감을 갖는 사람도 적지 않습니다.

육식과 채식은 선택의 자유를 보장받아야 할 영역입니다. 하지만 공장식 사육의 폐해와 환경 오염, 각종 질병 등 육식으로 인한 문제점이 뚜렷해지는 만큼, 편견이나 선입관 없이 채식을 이해하고 실천하는 태도도 필요하다는 생각이 듭니다.

LEVEL UP!

지식뿜뿜!

채식주의자 유형

- **플렉시테리언** flexiterian 주로 채식을 하지만 상황에 따라 고기나 해산물도 먹는 유연한 채식주의자.
- **폴로 베지테리언** polo-vegetarian 붉은 살코기는 먹지 않고 유제품, 가금류의 알, 해산물, 조류까지 먹는 채식주의자.
- **페스코 베지테리언** pesco-vegetarian 육류는 먹지 않고 유제품, 가금류의 알, 해산물까지 먹는 채식주의자.
- **락토 오보 베지테리언** lacto-ovo vegetarian 육류, 해산물은 먹지 않고 유제품과 가금류의 알, 꿀 등 동물에게서 나오는 음식은 먹는 채식주의자.
- **오보 베지테리언** ovo-vegetarian 육류, 해산물, 유제품은 먹지 않고 가금류의 알은 먹는 채식주의자.
- **락토 베지테리언** lacto-vegetarian 육류, 해산물, 가금류의 알은 먹지 않고 유제품, 꿀은 먹는 채식주의자.
- **비건** vegan 채소, 과일, 해초 등 식물성 식품만 먹는 완전 채식주의자.

RDS 인증 제품이란 무엇일까?

동물 복지를 위해 채식주의를 선언하는 이들이 증가하면서 동물 윤리에 대한 관심도 높아졌습니다. 이와 함께 동물 복지를 고려해 생산된 '책임 다운 기준Responsible Down Standard, RDS' 인증 의류도 인기를 끌고 있는데요. '책임 다운 기준'이란 윤리적인 방법으로 동물의 털을 채취해 만든 오리털 제품에 발행되는 인증 마크를 의미해요. 옷을 만드는 과정에서 살아 있는 동물에게 고통을 주며 털을 채취하는 대신, 식품으로 사용하기 위해 도축되는 동물의 털을 버리지 않고 의류 충전재(보온성을 더하기 위해 원단과 원단 사이에 넣는 재료)로 활용하는 것이죠. 생산에서부터 판매까지 모든 공정이 윤리적으로 정당하다고 확인되어야 완제품에 RDS 로고를 사용할 수 있습니다. 노스페이스, 파타고니아, 발란드레 등이 RDS 인증을 받은 대표적인 브랜드입니다.

세계 최대의 채식 국가는?

소를 숭배하는 힌두교도들의 나라 인도에서는 인구의 30~40%인 4~5억 명 정도가 소고기뿐 아니라 다른 고기도 전혀 먹지 않는다고 합니다. 비폭력을 중시하는 신앙을 따르는 이들은 동물을 죽여 그 고기를 먹으면 죄를 짓는 것으로 여기기 때문입니다. 인도의 모든 식당과 슈퍼마켓에서 판매되는 음식에는 비건 여부가 표기되어 있습니다.

#11

편도족

편리함을 무한 확장하다

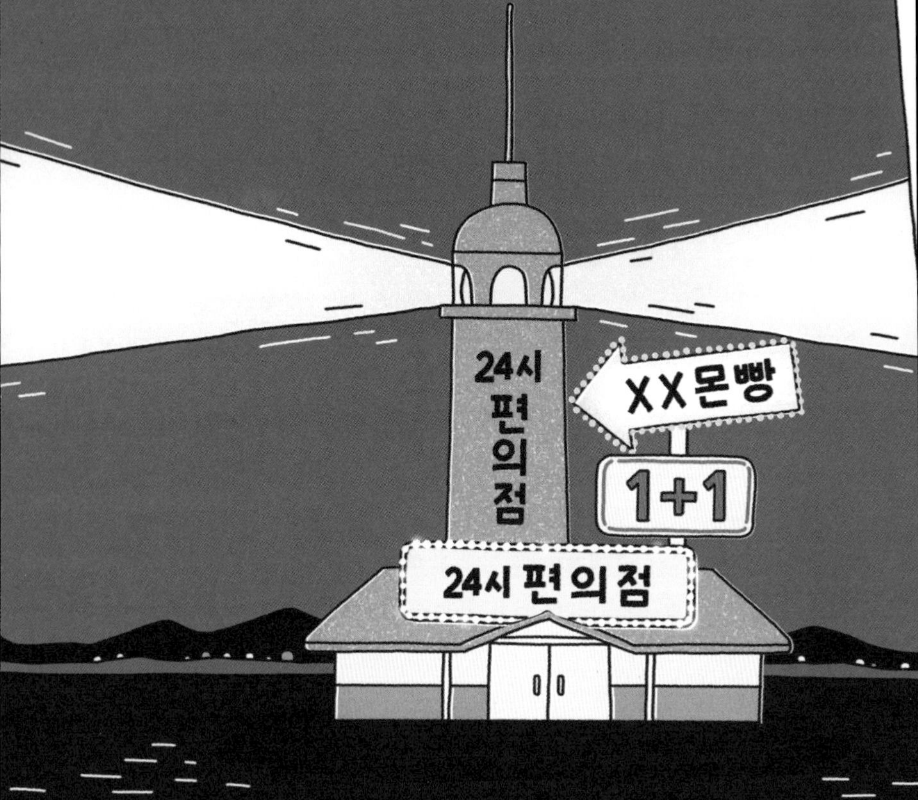

202X.6.13. 날씨: 아이스크림이 당기는 후덥지근한 공기

놀이터에서 옆집 동생 봄이가 울고 있길래 말을 걸었다. 친구들 사이에서 인기 최고인 만화 캐릭터 스티커가 들어 있는 빵을 구하기 어려워서 속상하다고 했다. 보기가 딱해서 검색해 보니 그 빵은 편의점에서만 구할 수 있다고 적혀 있었다.

편의점에 가면 마음이 편하다. 학원 가기 전에 친구들과 삼각김밥, 컵라면을 먹는 건 일상이고, 갈 때마다 신상품이나 한정판 상품이 나와서 구경하는 재미도 쏠쏠하다. 지금까지 편의점에서 사 먹은 소시지가 내 뱃살의 50%는 만들었을 거다.

오늘 편의점에 갔더니 점원 누나가 계산대 앞에서 할머니 한 분을 응대하고 있었다. 살짝 다가가 보니 전기세를 내고 계셨다. 편의점에서 전기세도 낼 수 있다니 오늘 처음 안 사실이었다. 언젠가 편의점이 5층 정도 건물이 되어 온갖 편의 시설을 다 모아 놓은 백화점처럼 바뀌는 게 아닐까 하는 생각이 들었다. 혹시나 하는 마음에 누나에게 캐릭터 빵 있냐고 물었더니 지금은 없고 저녁 8시쯤에 다시 온란다.

알람까지 맞춰 놓고 30분 전에 편의점에 가, 진열 중인 빵을 바로 낚아챘다. 너무 기분이 좋아서 예정에 없던 2+1 음료도 샀다. 엄마, 아빠랑 같이 마셔야지. 예전에 부모님과 여행을 갔다가 밤중에 낯선 길을 헤맨 적이 있는데 저 멀리서 등대 불빛처럼 빛나고 있는 편의점 간판에 가족 모두 안도했던 기억이 난다. 내일은 봄이의 맘도 한밤중 편의점 불빛처럼 환해질 거다.

시간 제한 없는 편리한 동네 상점의 등장

편리함과 24시간 영업을 앞세워 급성장한 편의점은 식품과 일상 용품을 파는 가게를 넘어 중요한 생활 공간으로 거듭나고 있습니다. 편의점이 마트, 약국, 식당, 문구점은 물론 세탁소나 은행의 역할까지 하고 있기 때문입니다. 편의점 도시락은 1인 가구의 주식처럼 자리 잡았고 노년층, 여성, 이재민을 위한 서비스는 사회복지에도 기여하고 있습니다. 사회 변화와 트렌드에 따라 다양한 서비스를 제공하며 남녀노소에게 사랑받고 있는 편의점에 대해 자세히 알아볼까요?

편의점은 소비자가 방문하기 편한 장소에서 여러 가지 상품과 서비스를 신속하게 제공하는 소매상점입니다. 주로 도심과 주거 지역에 위치하며 24시간·연중무휴로 운영되는 경우가 많은데요. '편의점'이란 말은 미국의 '컨비니언스 스토어convenience store'를 우리말로 번역한 것입니다. 세계 최초의 편의점은 1927년 미국 텍사스주의 한 얼음 가게에서 탄생했습니다. 당시에는 냉장고가 없던 시절이어서 여름이 되면 얼음 가게는 쉬는 날 없이 하루 16시간씩 운영해야 했답니다. 그러던 어느 날 한 매장 직원이 달걀이나 우유, 빵 등을 얼음과 같이 판매해 보면 어떻겠냐는 제안을 했고 이것이 계기가 되어 얼음 가게 한구석에 식재료를 놓고 함께 팔기 시작했습니다. 바로 이 아이디어가 대성공을 거두었습니다. 특히 밤늦은 시간과 일요일에는 손님들의 발길이 끊이지 않았답니다. 성공에 고무된 얼음 납품 회사는 이후 다른 지역의 가게에서도 일제히 식료품을 팔도록 했고 이때 생겨난 판매점들은 '세븐일레븐'이라는 상호로 통합돼 미국 전역으로 퍼졌습니다. 이것이 바로 오늘날 편의점의 시작이랍니다.

하지만 편의점 사업이 가장 큰 성공을 거둔 나라는 일본이었습니다. 1969년 편의점을 처음 도입한 일본은 미국의 세븐일레븐 본사를 인수하며 '콘비니(편의점을 뜻하는 일본어) 왕국'으로서의 입지를 다졌죠. 일본의 편의점은 우리나라의 편의점 운영 방식이나 인테리어·서비스에도 많은 영향을 주었습니다.

우리나라 최초의 편의점은 1989년 서울 송파구에 생긴 '세븐일레븐 1호점'입니다. 이후 세계에서 가장 빠른 속도로 점포 수가 늘어나 현재 전국적으로 5만여 개에 이르는 점포가 영업 중입니다. 편의점은 도심과 주택가뿐 아니라 학교, 지하철역, 고속도로 휴게소, 선박, 병원, 공항, 군부대, 심지어 구치소에서까지 운영되는 대표적인 소매점이 되었죠.

없는 것 빼고 다 있다

오늘날 편의점은 1인 가구 증가 추세에 힘입어 영향력을 더욱 키워 가고 있습니다. 소량의 물건을 간편하게 구매하려는 일명 '나 홀로족'에게 편의점은 안성맞춤인 곳인데요. 대형마트에 비해 소량 포장된 제품으로 큰 부담 없이 소소하지만 생활에 필수적인 다양한 상품들을 구입할 수 있습니다. 편의점 물건은 비싸다는 인식이 있었지만 각종 세일 및 판촉 행사를 통해 가격도 예전보다 저렴해졌습니다.

이제는 물건뿐 아니라 편의점에서 각종 생활 서비스도 이용할 수 있는데요. 고객의 택배 물품을 대리 수령·보관해 주는 서비스, 나아가 직접 상품을 주문받아 배달해 주는 서비스까지 제공합니다. 최근에는 편의점이 고객과 세탁소 사이에서 세탁물을 수거·보관하는 서비스도 운영한답니다. 그런가 하면 은행에 갈 필요 없이 편의점에서 돈을 찾거나 신용카드나 현금으로 편리하게 공과금을 납부할 수도 있습니다.

편의점 자체의 변신도 다양하게 이루어지고 있습니다. IT 기술이 집약된, 점원 없이 운영되는 무인 편의점을 비롯해 차에서 내릴 필요 없이 운전석에서 커피, 도넛, 자동차 관련 제품을 직접 구매할 수 있는 드라이브스루drive-through 편의점, 카페 스타일 편의점, 노래방 편의점, 파우더룸 겸용 편의점까지 등장했어요.

본사와 프랜차이즈, 편의점의 구조

편의점은 소비자의 심리와 경제활동을 살펴볼 수 있는 재미있는 공간입니다. 편의점의 발전은 소비자가 필요로 하는 것을 원하는 시간에 맞춰 공급한다는 얼음 가게 직원의 작은 아이디어 하나가 엄청난 경제적 효과를 불러일으켰다는 점에서 '티핑 포인트tipping point'의 대표적인 사례로 꼽히곤 합니다. 티핑 포인트란 '갑자기 뒤집히는 점'이란 뜻인데 '어떤 현상이 서서히 진행되다가 작은 요인으로 한순간 폭발하는 극적인 순간'을 가리킬 때 씁니다.

편의점의 대성공에는 '프랜차이즈 체인'이라는 획기적인 경영 방식이 큰 역할을 했는데요. 프랜차이즈 체인이란 특정한 상품이나 서비스를 제공하는 모기업인 본사가 일정한 자격을 갖춘 가맹점을 모집해 특정 지역 내에서 독점적 영업권을 부여하는 방식입니다. 이때 본사는 상표, 상호, 경영 시스템, 노하우 등을 제공하고,

가맹점은 가맹비와 로열티를 본사에 납부합니다.

프랜차이즈 방식으로 편의점 점포를 확장하기 위해 가장 중요한 것은 본사와 가맹점 사이의 지속적인 관계 유지입니다. 이를 위해 도입된 방법으로 '최저 수익 보장' 제도가 있습니다. 이는 가맹점의 수익이 기준치를 밑돌 때 본사에서 일정 부분을 보전해 주는 제도입니다. 가맹점주 입장에서는 수익이 적게 나오더라도 안정적으로 편의점을 운영할 수 있고, 본사는 점주들의 이탈을 막을 수 있는 장점이 있습니다.

편의점 과밀화 문제

2021년에는 편의점의 매출이 대형 마트의 매출을 넘어설 정도로 엄청나게 성장했는데요. 우리나라는 인구 1,059명당 편의점이 1개가 있을 정도로 인구 대비 편의점 수가 세계 1위인 나라입니다. 하지만 편의점 가맹점당 매출은 일본의 40%에 불과하다고 해요. 프랜차이즈 기업들이 과도하게 점포 수를 늘리며 경쟁했기 때문입니다. 이를 해결하기 위해 2018년부터 편의점 간 출점 거리를 제한하는 자율 규약이 시행되고 있는데요. 편의점 브랜드를 막론하고 이미 편의점이 운영되고 있는 곳의 반경 50~100m 안에서는 편의점을 추가로 운영하지 못하도록 제한하는 규약입니다.

편의점의 인기와 더불어 편의점 판매 음식의 안전성 문제가 도마 위에 오르기도 합니다. 편의점 음식에 포함된 식품첨가물이나 포장 용기의 위해성, 낮은 원가의 재료에 대한 확실하지 않은 안전 검증 등이 문제로 꼽힙니다.

코로나 사태의 장기화와 경제 불황 속에서도 편의점은 오히려 승승장구해 왔습니다. 하지만 점포 수는 계속 늘어나는 반면, 가맹점의 매출 이익은 갈수록 줄고 있는 상황입니다. 영업이 힘들어진 가맹점이 계약을 일찍 해지하면 터무니없이 비싼 위약금을 지불하게 하는 본사의 횡포가 사회적 이슈가 되기도 합니다.

한편으론 편의점 때문에 작은 동네 가게가 거의 다 사라져 버렸고, 이른 퇴직으로 갈 곳을 잃은 사람들이 편의점 운영에 뛰어들면서 경쟁이 심해지는 현상도 문제로 다가옵니다.

그런데도 편의점의 역할과 기능은 앞으로 더욱더 확대될 것으로 보입니다. 편의점은 우리 일상에서 빼놓을 수 없는 삶의 인프라로 자리 잡았기 때문입니다. 인적 드문 심야의 어둠 속을 지날 때, 급하게 필요한 물건이 생겼을 때 편의점 간판의 불빛이 우리에게 주는 안도와 위안만으로도 편의점의 존재 이유가 충분해 보이는 건 저만의 생각일까요?

1+1 상품에 더 끌리는 이유

편의점에 가면 하나를 구매하면 하나를 더 준다는 '1+1' 안내가 붙은 상품을 흔히 찾아볼 수 있습니다. 4,000원을 내고 물건 세 개를 사라고 할 때보다 2,000원짜리 두 개를 사면 하나를 더 준다고 할 때 소비자들은 가격 혜택이 더 크다고 느낀답니다. 쓰는 돈과 얻는 물건의 양은 똑같은데도 말이지요.

편의점에서만 파는 상품도 있다

1인 가구의 증가와 밀레니얼 세대의 소비 성향 덕분에 경제 불황에도 편의점의 매출이 꾸준히 늘어나면서 기업들은 편의점에서만 판매하는 전용 상품을 개발했습니다. 바쁜 아침에 식사 대용으로 간편하게 섭취할 수 있는 전용 음료가 인기를 끌었고 1인 가구를 위해 용량을 조절한 제품들도 나오고 있습니다. 편의점은 1일 매출 집계가 쉽고 소비자의 반응을 즉각적으로 살펴볼 수 있다는 장점이 있어 많은 기업이 신제품의 초기 반응을 살피고 성공 가능성을 예측하기 위해 적극 활용하기도 합니다.

사회적 약자를 위한 편의점 서비스

출생률이 줄고 고령화 사회가 되면서 편의점을 이용하는 연령층도 높아지고 있습니다. 학생과 젊은 직장인이 중심이 되었던 시절을 지나 이제는 60대 이상의 노년층도 편의점의 주요 고객이 되었고, 그에 따라 상품 및 서비스에도 변화가 일고 있습니다. 노년층의 입맛에 맞고 열량도 낮은 건강식 도시락이 판매되고 있고, 인구가 적고 교통이 불편한 지역에 살거나 거동이 불편한 노인을 위한 편의점 배달 서비스도 확대되고 있습니다.

경찰과 협조해 여성의 안전을 위한 서비스를 시행하는 편의점도 있는데요. 범죄 상황이나 안전에 위협을 느낀 여성들은 '여성 안심 지킴이 집'이라는 노란색 스티커가 붙어 있는 편의점에 들어가 비상벨을 통해 경찰에 구조 요청을 할 수 있답니다.

지진이나 태풍이 잦은 일본에서는 편의점이 재난 안전 센터와 구호 물품 전달 거점이 되기도 합니다. 2011년 동일본 대지진 당시 피해 지역 내에 5,000개가 넘는 편의점이 있었다고 하는데요. 당시 일본 정부와 기업은 피해 지역 주민에게 생필품과 구호 물품을 공급하기 위해 이 편의점들을 적극 활용했다고 합니다.

K-뷰티

진정한 아름다움을 찾아서

일반인 가족이 나와서 아빠의 도전을 응원하는 〈아빠가 대단해〉라는 프로그램에 우리 가족이 출연하게 되었다. 아빠 회사에 섭외가 들어왔는데 제비뽑기를 해서 아빠가 뽑혔다고 한다.

방송국에 도착하자 가족 모두 분장실로 안내받았다. 엄마, 아빠가 나란히 의자에 앉았는데, 긴장한 탓인지 아빠는 앞에서 화장품을 바르려고 하는 누나에게 "제 얼굴이 커서 화장품이 꽤나 들지 말입니다!"라고 개그맨 말투로 말했다. 일순간 분장실에 웃음이 터져 나왔다. 얼마나 흘렀을까. 까맣던 아빠의 얼굴은 하얗게 변해 있었고 엄마의 눈은 평소보다 세 배는 커져 있었다. 메이크업을 하는 누나가 나도 붙잡아 의자에 앉혔다. 곧 얼굴에 기분 좋은 손짓이 느껴지고 갈라져 있던 입술에도 부드러운 촉감이 느껴졌다. 내가 전문 메이크업을 받다니!

아빠는 예선 1라운드에서 탈락했지만 가족 모두 전혀 아쉬워하지 않았다. 엄마가 오늘처럼 화장발이 좋은 날에는 사람 많은 식당에 가야 한다고 해서 고급 뷔페에서 맛있는 저녁도 먹었다. 사람들이 자꾸 쳐다보는 것 같아서 괜히 몸에 힘을 주고 걸었더니 발걸음이 삐걱거렸다.

집에 도착했는데도 왠지 화장을 지우고 싶지 않다. 부모님도 내 마음과 같은지 두 분 다 얼굴이 방송국에서 나올 때 그대로다. 화장만으로 기분이 달라지고 괜히 다른 사람이 된 느낌이 드는 이유는 뭘까? 이대로 자면 기분 좋은 꿈이라도 꿀 것 같다.

K-뷰티 전성시대
- - - - - - - - - -

요즘은 남자도 화장을 하고 초등학생도 화장을 합니다. 음악과 드라마를 앞세운 한국 문화 콘텐츠가 전 세계적인 관심을 끌면서 한국 화장품의 인기도 덩달아 높아졌습니다. 최근 화장품 강국 일본에서 가장 많이 판매된 화장품이 대부분 한국 화장품이었을 정도죠. 아직은 화장이 낯설지 모르는 여러분을 위해 흥미진진한 화장의 세계로 떠나 봅니다.

자기 외모를 가꾸는 데 시간과 돈을 아낌없이 쓰는 남성들이 늘고 있습니다. 이런 사람들을 그루밍족이라는 신조어로 부릅니다. 그루밍이란 '마부가 말을 씻기고 빗질해 말끔하게 꾸민다'는 뜻의 영어 단어인 'groom'에서 따온 말입니다. 말의 근육을 탄력 있어 보이게, 갈기를 윤기 있게 정돈하기 위해 마부가 정성을 기울이는 것처럼 그루밍족 역시 자신감 있고 호감 있는 외모를 갖추기 위해 매일 노력합니다. 우리나라는 전 세계에서 남성용 화장품이 가장 많이 팔리는 나라인 만큼, 화장하는 남자가 더 이상 낯설게 느껴지지 않습니다.

한 해 우리나라를 찾는 중국인 관광객이 600만 명 이상이었던 시절, 중국인 관광객에게 한국 화장품 쇼핑은 필수 코스였습니다. 품질이 좋기도 했지만, 한류를 이끄는 가수와 배우의 예쁘고 멋진 외모를 흉내 내고 싶은 마음이 크기 때문이었습니다. 드라마와 영화, 음악 등 문화 콘텐츠에서 시작된 K-문화 열풍이 화장품 산업에도 큰 영향을 주었고 'K-뷰티'라는 말까지 생겼습니다. K-뷰티의 영향력은 중국과 동남아시아를 넘어 유럽, 미국으로까지 퍼졌는데요. 식품의약품안전처의 「2022년 화장품 생산·수입·수출 통계 자료」에 따르면, 2022년 한국의 화장품 수출은 세계 4위로 8조 6,000억에 달하는 무역 흑자를 기록했습니다.

인간은 왜 화장을 시작했을까?

곤충이나 새는 색과 무늬가 화려한 수컷이 그렇지 않은 수컷에 비해 번식에 성공할 확률이 높다고 합니다. 인간이 외모를 꾸미는 이유에는 이런 생물학적 본능과 함께, 타인의 관심을 끌고 집단 속에서 자신의 개성을 드러내고자 하는 사회적 본능이 있습니다.

옛날엔 전쟁에서의 승리를 기원하고 질병과 액운을 퇴치하기 위한 주술적인 용도로 화장을 하기도 했어요. 주로 얼굴과 몸에 다양한 빛깔의 무늬를 그려 넣곤 했는데 액운을 막아주는 색으로는 붉은색이 흔히 쓰였답니다. 우리나라에서 예전부터 전해오는, 봉숭아꽃으로 손톱을 빨갛게 물들이는 풍습도 붉은색이 귀신을 물리친다는 속설에서 비롯된 것이랍니다.

화장의 중요한 역할 중 하나는 외부 환경으로부터 피부와 신체를 보호하는 것입니다. 고대 이집트인은 해로운 벌레를 막기 위해 눈 주위에 화장을 했고, 우리나라의 고조선 시대에는 추위를 막기 위해 몸에 돼지기름을 발랐다고 합니다. 요즘에는 화장품이 여러 오염 물질이나 햇빛 속 자외선, 건조한 공기로부터 피부를 지켜 주는 역할도 하고 있습니다. 선크림과 수분크림 같은 기능성 제품을 들 수 있죠.

화장은 신분을 표현하는 수단이기도 했습니다. 동서양을 막론하고 희고 고운 피부는 고귀한 신분의 상징이었습니다. 서민들은 주로 바깥에서 일을 하다 보니 피부가 타서 빛깔이 어두울 수밖에 없기 때문에 흰 피부는 상류층의 전유물처럼 여겨졌죠. 1,500년 전 신라인들은 아름다운 육체에 아름다운 정신이 깃든다고 믿었고 그래서 남자도 여자 못지않게 화장을 즐겼다고 합니다. 특히 학문과 외모가 뛰어난 귀족 자제들이었던 화랑은 오늘날 그루밍족의 효시가 아닐까 생각되는데요. 당대 화랑들의 행적을 기록한 자료를 보면 '얼굴이 꽃보다 아름답다', '입술은 붉은 연지와 같고 이는 하얗다' 등 화랑의 미모와 화장법을 암시해 주는 대목들이 나옵니다. 실제로 당시 화랑들 사이에서는 쌀가루를 분처럼 발라 얼굴을 하얗게 만들고 잇꽃(홍화)의 꽃물로 입술과 볼을 붉게 물들이는 화장법도 유행했다고 합니다.

한편 부족 사회에서 화장은 종족·성별·계급 등을 구분해 주는 방법이기도 했습니다. 한 미국 원주민 부족의 경우를 예로 들면, 계급이 올라갈수록 사용할 수 있는 장식물의 종류와 화장에 쓸 수 있는 색이 더욱 다양해져, 화려한 화장이 곧 높은 지위와 명예를 상징했다고 합니다.

가장 오래된 화장품, 분백분과 연지

수많은 화장품 중에서 가장 오래되고 중요한 화장품을 꼽으라면 '분백분(粉白粉)' 가루일 것입니다. 서양에서는 '파우더'나 '파운데이션' 같은 이름으로 불리는데요. 분백분은 흰색이나 밝은 살색을 띤 가루 형태의 화장품으로 피부의 결점을 가려 주고 피부색을 일정하게 만들어 주는 역할을 해요.

분백분의 재료로 동양에서는 분꽃의 열매를 빻은 가루, 쌀가루, 말린 칡가루 등을 이용했고, 서양에서는 백연이라는 하얀 납 가루를 주로 사용했다고 하죠. 우리나라 화장품 산업의 신호탄이 된 화장품도 바로 이 분백분인데요. 1916년에 처음 만들어진 '박가분'이란 이름의 분백분이 국산 화장품 제1호로 꼽힌답니다.

붉은색을 띠는 '연지'는 볼이나 입술에 생기를 더해 주는 역할을 하는 화장품입니다. 북한의 황해도에 있는 고구려 무덤 '안악 3호분'에 남아 있는 벽화에서도 당시 여인들이 입술에 연지를 발랐다는 것을 확인할 수 있을 정도로 오래된 화장품이죠.

연지를 만드는 데 쓰였던 잇꽃은 우리나라를 비롯해 인도, 중국, 이집트, 남유럽 등에 널리 서식하고 있는 식물입니다. 하지만 1만 평의 땅에서 겨우 70~80kg 정도의 양만 얻을 수 있었기 때문에 연지는 오랫동안 여성들이 매우 아끼며 귀하게 여겼던 화장품이었습니다.

화장품은 무엇으로 만들까

휘안석, 황화안티모니, 태운 아몬드, 쌀, 황토, 돼지기름, 딱정벌레 껍질, 암컷 연지벌레, 카민, 악어 똥, 헤나, 석고, 뽕나무 열매, 해초, 진사, 황화수은, 납, 와인 찌꺼기, 백단향 나무의 속줄기, 감초, 당귀, 달맞이꽃 기름, 아약 솜다리 풀의 뿌리…. 이것들은 인공 화합물이 발명되기 이전부터 화장품의 원료로 쓰인 재료입니다.

동물과 식물, 광물에 이르기까지 다양한 재료가 쓰였는데 이 중에는 수은이나 납처럼 독성이 있는 것도 많았죠. 피부를 검게 하는 멜라닌 색소의 생성을 차단해 얼굴을 희게 만드는 수은의 경우, 신경마비 등 인체에 치명적인 손상을 일으킨답니다. 특히 납은 천 년 이상 화장품의 원료로 사용되어 왔어요. 납이 들어간 분백분은 피부에 잘 달라붙기 때문에, 우리나라에서는 1937년 무렵까지 납이 들어간 박가분이 판매되었죠. 하지만 납이 인체에 축적되면 피부가 푸른빛을 띠고 심하면 신경계에도 영향을 미쳐 정신착란, 발작을 일으킨다고 합니다.

오늘날 우리가 쓰는 화장품 성분의 70% 이상은 물(정제수)이랍니다. 그리고 오일이나 왁스 같은 유성 원료, 계면활성제, 보습제 등의 성분이 들어 있죠. 좋은 향기를 내기 위한 향료, 염료나 안료와 같은 색소, 화장품의 변질을 막아 주는 방부제나 산화방지제, 노화 방지와 자외선 차단 등 특정한 기능을 가진 활성 성분 등도 들어 있어요. 그중에서 화학적으로 합성된 계면활성제, 방부제, 인공색소 등은 피부와 건강에 나쁜 영향을 줄 수 있기 때문에 화장품을 구입할 때 주의 깊게 살펴봐야 할 성분이랍니다.

화장하는 10대, 괜찮을까

여러 설문 조사에 따르면 초등학생 중 40~50%가 화장품을 사용해 본 경험이 있다고 합니다. 최근에는 초등학생에게 화장법을 알려 주는 유튜버까지 등장했는데요. 10대를 겨냥한 화장품 시장은 10여 전부터 매년 성장하고 있습니다. 문제는 어린 소비자의 심리를 노린 상술에 10대의 건강이 위협받고 있다는 점입니다. 초등학교 앞 문구점에서 해로운 중금속 성분이 들어 있을 수도 있는 색조 화장품이 판매되기도 합니다. 이런 제품은 대부분 성분 표시가 명확하지 않습니다.

10대가 많이 쓰는 틴트, 립글로스 같은 액상 제품과 페이스 파우더 같은 분말 제품은 잘못하면 입과 코를 통해 유해한 성분이 몸속에 축적되기 쉽습니다. 이른 나이에 화장을 접할수록 몸속에 쌓이는 화학물질의 양도 많아지죠. 이 물질들은 체내의 호르몬을 교란해 이차성징이 비정상적으로 빨리 시작되는 성조숙증 같은 문제를 일으키기도 합니다. 더구나 청소년들은 화장을 제대로 지우지 않고 방치하는 경우도 많아, 그 상태로 다시 색조 화장을 하게 되면 피부에 가해지는 부담이 열 배 이상 높아진다고 해요.

어른들은 화장하는 어린 학생을 대체로 부정적인 시각으로 바라봅니다. 하지만 학생들은 나름대로 화장을 하는 그들만의 이유가 있습니다. 호기심이나 놀이 차원에서, 혹은 선망하는 아이돌 스타를 흉내 내기 위해, 예쁜 외모가 경쟁력이라고 생각해 화장을 하는 학생도 있습니다. 갈수록 화장을 시작하는 나이가 어려지고 있는 이때, 무조건 막는 것보다 안전과 건강을 생각하는 화장에 대한 지혜와 지식을 가르치는 것이 더 중요해 보입니다.

우리의 안전을 위해 동물이 희생된다면?

화장품이 갖추어야 할 가장 중요한 원칙은 '피부에 안전해야 한다'입니다. 그래서 화장품을 개발할 때는 여러 가지 안전성 테스트를 반드시 거쳐야 합니다. 화장품을 바르고 피부를 햇빛에 노출했을 때 알레르기나 색소 변화가 생기지 않는지, 화장품이 입에 들어갔을 때 독성 반응은 없는지, 눈에 심한 자극을 주지는 않는지 등을 꼼꼼히 살피는 것입니다.

특별한 원료나 화학물질을 쓰는 화장품은 특정 성분의 위험성을 검증하는 실험을 해야 합니다. 그동안 이런 실험에는 대부분 살아 있는 동물을 이용해 왔습니다. 토끼의 눈에 마스카라를 발라서 안구를 자극하는 정도를 관찰한다거나, 비글의 피부에 알레르기나 화장 독(毒) 여부를 실험하는 경우도 많았어요. 매년 화장품 및 의약품의 안전성을 위해 희생되는 동물의 수가 전 세계적으로 1억 마리가 넘는다고 합니다.

최근 동물의 대량 희생과 동물실험의 잔혹성이 사회적 이슈로 떠오르면서 동물실험을 대신해 안전성을 테스트할 방안을 마련하는 화장품 회사도 늘고 있습니다. 사람의 몸에 직접 바르는 화장품이 인체에 해롭지 않은지 검증하는 일은 꼭 필요하지만, 이것이 동물의 불필요한 희생을 낳는 것은 아닌지, 그리고 그 희생이 윤리적으로 정당화될 수 있는지 생각해 보아야 합니다.

'클린 뷰티'의 세계로

한국보건산업진흥원의 「2020년 화장품 산업 분석 보고서」에 따르면, 최근 '클린 뷰티'에 대한 관심이 높아지고 있다고 합니다. 초미세먼지와 기후변화 등으로 인해 안전한 원료에 대한 니즈가 점차 높아지고 있던 상황에서, 특히 코로나19 확산으로 일회용 마스크를 오래 쓰면서 나타나는 피부 트러블까지 증가했기 때문입니다. 그래서 유해한 화학 성분이 최대한 배제된 '클린 뷰티'에 대한 관심이 높아진 겁니다.

최근에는 성분뿐 아니라 화장품의 포장 용기에 대해서까지 관심이 확장되었는데요. 불필요한 과대 포장은 아닌지, 재활용이 가능한지, 혹은 플라스틱이 아닌 친환경 소재인지, 식물성 잉크를 사용했는지 등을 따져 보는 '착한 소비'가 점점 늘고 있습니다. 화장품 업계도 이러한 트렌드를 반영해 '비건 뷰티', '클린 뷰티', '에코 패키지' 등의 마케팅으로 호응하고 있고요.

현대사회에서 아름다운 외모가 경쟁력으로 작용하는 것은 부인할 수 없는 현실입니다. 그런 현실은 화장을 포기할 수 없게 만들죠. 미국의 심리학자 낸시 에트코프 박사는 실험을 통해 충분한 시간을 두고 바라봤을 때 사람들은 진한 화장보다 자연스러운 화장을 한 얼굴을 더 선호한다는 사실을 알아냈습니다. 과한 화장이나 지나친 치장이 오히려 자신의 아름다움을 가리고 있진 않은지 한번 생각해 보면 좋겠습니다. 화장품을 쓰면 쓸수록 신체적 부담도 커지고 동물의 희생도 커진다는 사실도 기억하세요.

LEVEL UP!

지식뿜뿜!

화장 또는 메이크업

오늘날 '화장'의 개념은 우리나라에 서양 문물이 도입되던 19세기 후반 개화기 이후에 확립되었습니다. 당시 일본의 주도 아래 우리나라에 화장품 생산 공장이 설립되어 화장품의 대량생산 시대가 열렸기 때문입니다. 그때부터 화장품을 바르는 사람이 크게 늘면서 '화장품으로 얼굴을 꾸민다'는 의미의 화장이라는 개념이 자리를 잡았죠. 요즘 미디어에서는 화장과 같은 의미로 '메이크업make-up'이란 말을 더 많이 씁니다. 메이크업은 원래 특정한 목적을 위해 외모를 변형시킨다는 의미인데 주로 색조 화장을 가리킵니다. 배우나 무용수 등이 배역에 맞게 분장하는 무대 화장도 메이크업이랍니다.

메이크업 분야 안에서도 전문가마다 특징과 기술이 달라서 파고들어가면 공부할 것이 많습니다. 메이크업을 하는 과정 자체가 콘텐츠가 되기도 하죠. 유튜브나 방송을 통해 다양한 메이크업 아티스트의 인지도가 올라가면서 K-뷰티를 둘러싼 문화 콘텐츠도 다양해지고 있습니다.

전문가들이 꼽는 필수 화장품

자외선 차단제

미국식품의약국(FDA)이 인정한 유일한 노화 방지 화장품이 바로 자외선 차단제입니다. 자외선에 의해 손상된 표피는 처음에는 두꺼워졌다가 급격히 얇아지며 노화가 진행됩니다. 노화 과정에서 주름이 생기고 기미, 검버섯 같은 색소 질환이 생깁니다. 피부 노화의 70%는 자외선 노출 때문이라는 연구 결과도 있죠.

모이스처라이저

보습용 화장품을 가리켜요. 대기 오염, 냉난방 기구의 사용, 과도한 화장 등으로 피부 장벽이 약해졌을 때 꼭 필요하죠. 피부 장벽은 피부의 가장 바깥에 위치한 각질층을 뜻하는데, 피부 속 수분을 지키고 세균이나 오염 물질로부터 피부를 지켜 주는 중요한 역할을 합니다.

클렌저

"화장은 하는 것보다 지우는 것이 더 중요하다."라는 말이 있습니다. 화학 물질이 피부에 남아 있지 않게 깨끗하게 닦아 내야 피부가 상하지 않으니까요. 민감한 피부를 가진 사람이라면 인공 향료나 인공색소가 첨가된 클렌저는 피해야 합니다.

서바이벌이
되어 버린 일상

학교 정문 앞 횡단보도 바닥에 초록색과 빨간색으로 빛나는 줄무늬가 생겼다. 발로 한번 밟아 보려는 순간 친구 하나가 마치 〈스타워즈〉에 나오는 광선검 같다고 해서 나도 모르게 뒤로 점프를 해 버려서 친구들이 웃음을 터트렸다. 바닥 신호등은 '스몸비'를 위해 설치했다고 한다. 스몸비는 스마트폰만 쳐다보며 걷는 바람에 주변 상황을 인지하지 못하고 마치 멍한 좀비처럼 보이는 사람을 말한다. 나도 여러 번 스마트폰을 보며 걷다가 가로수나 사람들과 부딪힌 적이 있다. 스마트폰 때문에 교통사고도 자주 난다고 하는데 바닥 신호등의 광선검이 우리를 안전하게 지켜 주면 좋겠다.

친구들과 수다를 떨다가 스몸비 퇴치용 헬멧 아이디어가 떠올랐다. 언젠가 과학 발명품 전시회에서 본 기억이 있는 작업용 안전모에서 따온 생각인데, 그 안전모는 공장에서 작업하는 사람의 뇌파를 측정해 졸음 상태가 되면 안전모 자체에서 신호를 보내 기계를 멈추게 했다. 찰나의 순간에 일어날 수도 있는 안전사고를 대비하는 좋은 발명품이었다. 내가 생각한 헬멧은 목의 각도와 시선 방향을 측정해 보행 중이거나 운전 중에 스몸비 상태가 되면 스마트폰을 꺼 버리거나 경고음을 내 주는 장비다.

스몸비 퇴치 헬멧을 쓴 사람이 가득한 거리의 모습을 상상해 보니 낯설고 초현실적이지만 무엇보다 안전이 최고가 아닌가. 걱정되는 건 딱 하나다. 거리가 온통 경고음으로 가득해지면 어쩌지?

끊임없이 발생하는 대형 사고와 재난

우리나라에서는 하루 평균 500건이 넘는 교통사고가 발생합니다. 특히 음주 운전으로 인한 교통사고가 늘어나 매년 평균 300건 이상의 사망 사고가 일어나는데요. 집중호우나 산사태 같은 자연재해나 화재, 붕괴, 폭발 등 대형 사고도 끊임없이 일어납니다. 언제든 위험에 처할 수 있는 사회를 살아가고 있는 우리는 과연 안전에 대해 얼마나 알고 있을까요? 비슷한 사고가 반복적으로 일어나지만 왜 우리 사회는 여전히 안전 불감증에 빠져 있는 걸까요? 안전한 사회를 만들기 위해 무엇을 어떻게 해야 하는지 함께 생각해 봅시다.

수많은 차량이 지나다니던 한강의 주요 다리 하나가 갑자기 무너져 내리고, 인기 가수의 공연을 보기 위해 환기구 덮개에 무심코 올라섰다가 바닥으로 추락해 많은 사람이 목숨을 잃었습니다. 여

객선을 타고 수학여행을 가던 학생들이, 인파에 휩쓸린 축제 참가자들이 가족의 품으로 영영 돌아오지 못합니다. 기차가 탈선하고 백화점과 아파트가 무너지고, 갑자기 땅에 커다란 구멍이 생깁니다. 지하철에 불이 나고, LPG 가스가 폭발해서 한 동네가 순식간에 사라져 버리기도 합니다. 이 모두가 실제로 우리나라에서 일어났던 충격적인 사고들입니다.

봄철의 황사, 여름철이면 어김없이 찾아오는 태풍과 홍수, 겨울철 눈사태와 한파 등 자연재해 또한 우리의 삶을 위태롭게 합니다. 자연재해는 매년 반복되지만 아직 우리의 과학기술로는 태풍의 진로를 바꾸거나 갑자기 쏟아지는 폭우를 막지 못합니다. 강한 지진은 우리나라와 먼 일이라고 여겼지만 2016년 9월 이후 생각이 달라졌습니다. 경주에서 발생한 규모 5.8의 지진은 건물을 흔들고 담벼락을 무너뜨렸습니다. 수백 킬로미터나 떨어진 곳에서 흔들림을 느낀 사람들도 있었습니다. 전문가들은 앞으로 우리나라에서도 규모 6.5 이상의 지진이 발생할 수 있다고 경고합니다. 사실 이미 오래전부터 한반도가 지진의 안전지대가 아니라는 것은 알려진 사실이었습니다. 그동안 우리가 그 사실에 관심을 두지 않았던 것뿐이죠.

안전 불감증이 불러온 사고들

안전에 대한 무관심은 일순간 우리의 삶을 위협합니다. 평온하고 안정된 삶이 지속될 땐 안전을 의식하지 않고 사는 경우가 보통입니다. 그러나 대부분의 대형 사고는 사소하다고 내버려 둔 위험에서 시작합니다.

세상을 변화시킨 중요한 선언문 중 하나인 「세계 인권 선언문」(1948년)에는 인간이면 당연히 지녀야 할 권리를 다음과 같이 분명히 밝히고 있습니다. "모든 사람에게는 자신의 생명을 지킬 권리, 자유를 누릴 권리, 자신의 안전을 지킬 권리가 있다."(3조) 안전은 모든 인간이 가진 기본권이며 안전을 확보하는 일은 곧 인권을 지키는 일입니다.

대한민국을 충격과 슬픔으로 몰아넣은 2014년 세월호 침몰 사고는 자연재해가 아닌 인간에 의해서 생긴 재해, 즉 인재(人災)였습니다. 이윤을 더 남기고자 배의 구조를 불법 변경하도록 지시한 최고 경영자, 안전 수칙을 무시한 채 운항을 주도한 항해사, 배가 침몰하는 상황에서 책임을 등지고 승객보다 먼저 탈출해 버린 선장, 대형 재난 앞에서 우왕좌왕했던 공무원까지, 관련자 모두의 미숙함과 비양심이 낳은 참사였죠. 거기에 더해 우리 사회의 안전에 대한 불감증과 태만까지 자리 잡고 있었습니다.

안전 불감증이란 안전에 대한 의식이나 감각이 무딘 상태를 일 컫는 말입니다. 결코 안전하지 않은 상황을 안전하다고 판단해 버 리거나, 안전에 대한 기본 상식이 부족한 상태라고 할 수 있죠. 우 리나라는 짧은 시간에 고도성장을 이룬 나라지만 외형적 성과에 치중하고 안전 문제를 소홀히 하면서 대형 참사를 겪기도 했습니 다. 1970년 와우아파트 붕괴, 1995년 삼풍백화점 붕괴, 1994년 성 수대교 붕괴, 1993년 서해 페리호 침몰 등 일련의 사고는 대규모 인명 손실을 낳은 안전 불감증의 대표적인 사례인데요. 안전 불감 증으로 인한 사고는 여전히 끊임없이 일어나고 있습니다.

위험의 활화산 위에 선 문명

재난과 관련해 자주 언급되는 법칙이 하나 있습니다. 바로 '하 인리히의 법칙'이에요. 미국의 보험회사 직원이었던 하인리히는 5,000건의 산업 재해 사례를 분석해 다음과 같이 보고합니다. "통 계적으로 어떤 대형 사고가 발생하기 전에 같은 원인으로 300 차 례의 경미한 사고와 29번의 징후가 나타난다." '1 대 300 대 29의 법칙'으로도 불리는 하인리히의 법칙은 대형 사고가 일어나기 전 에 드러나는 사소한 징후들에도 경각심을 가져야 한다는 것을 일 깨워 줍니다.

1979년 미국의 스리마일섬 원자력발전소에서 핵연료봉이 녹으면서 방사능이 유출되는 사고가 일어났습니다. 다행히 인명 피해는 없었지만, 사상 최초의 원자력발전 사고로 기록되었죠. 그런데 1986년에는 우크라이나의 체르노빌 원자력발전소에서 대형 폭발이 일어나 방사능으로 인해 수천 명이 희생되는 최악의 참사가 발생합니다. 체르노빌 사건을 계기로 원전이 인류의 생존을 위협할 수도 있다는 사실을 분명히 깨닫게 되었습니다. 당시 독일의 사회학자 울리히 벡(1944~2015)은 『위험 사회』(1986)에서 인류 문명을 "활화산 위에 선 문명"이라고 규정했습니다. 과학기술이 언제 폭발할지 모르는 끊임없는 위험을 생산하고 있다고 경고한 것이죠.

과학기술에 의한 일상의 위험 중에 대표적인 것이 바로 화학물질입니다. 최근 몇 년 동안 화학물질에 대한 공포인 '케모포비아chemophobia'가 확산하고 있습니다. 더 안전한 삶을 위해서 사용했던 가습기 살균제로 2만 명이 넘는 사상자가 발생한 사건 이후, 생활용품 속 화학물질에 대한 사회적 관심이 더욱 커졌고 화학물질의 위험성을 적극적으로 알리는 사람들이 늘어났고, 아예 쓰려고 하지 않는 사람들도 생겼습니다. 샴푸를 쓰지 않고 머리를 감는 '노푸족', 화학 첨가물이 들어 있지 않은 세제나 치약만 사용하는 '노케미족'이 대표적인데요. 케모포비아가 의약품에까지 퍼져서 약을 안 쓰고 아이를 키운다는 '안아키' 신드롬까지 생겨나기도 했습니다. 안전이 무너진 사회에서 싹튼 불안이 만든 화학품에 대한 오해가 자신과 가족의 건강까지도 위협할 수 있는 또 다른 위험을 낳을 수 있다는 것도 알아야 합니다.

위험을 '보는' 것이 안전의 시작

사고나 재해를 예방하고 안전을 제대로 확보하기 위해서는 누구나 위험이 있고 없음을 객관적으로 판단할 수 있어야 합니다. 이런 판단에 확실하게 도움이 되는 것이 바로 '안전 기준'이죠. 예를 들어 어떤 배에 최대 1,000톤을 실을 수 있다고 해 봅시다. 만약 안전을 위해 800톤까지만 실어야 한다는 안전 기준이 있다면, 그 기준을 넘어설 때 위험하다고 판단할 수 있습니다. 이 같은 안전 기준을 확인하고 따르는 것이 바로 안전 관리의 시작이죠.

그렇다면 안전 기준은 어떻게 정해야 할까요? 먼저 사물의 특성이나 자연 현상 등을 제대로 이해해야 합니다. 예를 들면 자동차 차체의 안전 기준을 위해 자동차가 벽에 부딪혔을 때 운전자가 받는 충격을 시뮬레이션으로 확인하거나, 태풍이 올 때 안전하게 대비하기 위해서 태풍의 움직임과 영향력을 사전에 관찰하는 등 과학적 근거를 통해 기준을 정해야 한다는 거죠.

안전 기준은 과학적일 뿐만 아니라 합리적이어야 합니다. 몇 년 전 경주에서 일어난 지진의 진도는 5.8로, 우리나라 관측 사상 최대 규모의 강도였습니다. 그런데 만약 우리나라 모든 건물의 안전 설계 기준을 규모 8이나 9의 지진으로 너무 높게 맞춘다면, 결코 합리적이지 않겠죠.

위험에서 스스로를 지키는 방법도 있습니다. 첫째, 사고나 재해로 이어질 수 있는 위험 그 자체를 제거하는 것입니다. 예를 들어 놀이터에 깨진 유리 조각이 보이면 발견했을 때 바로 치워야 합니다. 둘째, 위험을 일으키는 원인으로부터 완전히 격리되는 것입니다. 방사성물질 누출 사고가 발생했을 때 밀폐된 장소나 격리 시설로 대피하는 것이 그러합니다. 셋째, 위험에 대비하기 위해 보호 장비를 착용하는 것입니다. 마지막으로 유사시에 적절한 행동 기준을 미리 정해 두고 반복적인 학습과 연습을 통해 위험에 적극적으로 대비하는 것입니다.

화재나 폭발 등 재난이 발생하면 사고 현장과 반대 방향의 비상구나 탈출구를 이용해야 합니다. 이때 엘리베이터를 이용하면 갇힐 위험이 있으므로 반드시 계단으로 대피해야 합니다. 대피할 때에는 벽면을 따라 낮은 자세로 한쪽으로만 움직이는 것이 좋습니다.

그런데 재난 상황에서 사람들은 대부분 남의 눈치를 보며 먼저 움직이기를 망설이곤 합니다. 하지만 위험이 감지되면 현실을 직시하고 단호하게 행동해야 합니다. 재난 현장의 혼란 속에서 무리와 함께 행동하는 것이 위험을 피하는 좋은 방법이 아닐 수 있기 때문입니다.

안전은 '위험이 없는' 상태가 아니다

안전을 생활화하기 위한 '안전문화운동'이 주목받고 있습니다. 안전문화운동이란 쉽게 말해 모든 일상 속에서 안전에 대한 태도와 의식이 몸에 배게 하는 활동입니다. 안전제일의 가치관을 정립하고 행동으로 실천하며 무의식중에도 안전 의식이 자리 잡을 수 있게 만드는 일종의 사회운동인 셈이죠.

안전한 사회를 만들기 위한 선진국의 노력도 좋은 본보기입니다. 대규모 지진이 잦은 일본에서는 마치 실제 상황 같은 긴장감 속에서 지진 대피 훈련을 합니다. 경보가 울리면 초등학생도 즉시 보호대를 착용하고 신속하게 책상 밑으로 몸을 피합니다. 그리고 몇 분 뒤 익숙한 경로를 따라 모든 학생과 교사가 침착하게 넓은 공터로 대피합니다. 전 세계 지진의 20%가 일본에서 일어나지만 지진으로 인한 인명 피해는 전 세계의 3% 정도에 불과한 이유가 바로 이처럼 철저한 안전 교육과 훈련 덕분이랍니다.

세계보건기구에 따르면, 영국은 2019년 기준 교통사고 사망자가 인구 10만 명당 약 3.2명(우리나라는 8.6명)으로 교통사고 사망률이 세계에서 가장 낮은 국가입니다. 지난 20년간 교통사고 사망률을 절반으로 줄이기 위해 지그재그식 차선 도입과 보행자 작동 신호기 설치 등을 지속적으로 추진한 정책이 큰 효과를 낸 것입니다. 영국에서는 지하철을 타면 '빈틈을 조심하라'는 뜻의 '마인드 더 갭 Mind the gap'이라는 문구를 자주 볼 수 있는데요. 영국 사람들은 이 문구를 일상생활의 일부로 받아들이고 있답니다. 언제 일어날지 모르는 사고의 위험에 대비하자는 것이죠.

우리나라의 행정안전부에서는 내 주변 지역의 안전 정보를 지도 형태로 간편하게 확인해 볼 수 있는 '생활안전지도' 서비스를 운영 중입니다. 교통안전, 재난 안전, 치안 안전, 맞춤 안전 서비스뿐만 아니라 시설 안전, 산업 안전, 보건 안전, 사고 안전 분야까지 생활안전지도 165종을 만들어 제공하고 있는데요. 예를 들면 환경과 건강 문제로 이슈가 되고 있는 미세 먼지의 양을 실시간으로 측정해 지역별로 안전 데이터를 제공함으로써 국민 건강에 도움을 주고 있답니다. 생활안전지도는 홈페이지와 애플리케이션을 통해 누구나 간편하게 활용할 수 있습니다.

안전이란 위험이 생기거나 사고가 날 염려가 없는 상태를 뜻합니다. 하지만 잠재된 위험이 갈수록 더 커지고 있는 현실 속에서 위험이 아예 존재하지 않는 상태의 안전은 불가능한 꿈일지 모릅니다. 그래서 우리는 안전을 위험이 없는 상태가 아니라 '위험을 올바로 인식하고 관리하는 상태'라고 이해해야 합니다.

소프트웨어 개발과 관련해 '리누스의 법칙'이란 것이 있습니다. 간단히 설명하면 '지켜보는 사람이 많으면 찾지 못할 버그는 없다'는 뜻입니다. 리누스의 법칙처럼 안전 의식을 지닌 사람이 더욱 많아진다면 큰 위험을 경고하는 징후를 미리 발견할 가능성이 커질 겁니다. 안전에는 불감이 아닌 민감이 필요합니다.

안전을 디자인하다

LED 횡단보도

우리나라에서는 보행자가 야간에 횡단보도를 건너다 일어나는 교통사고를 예방하기 위해 횡단보도 앞에 조명등을 설치하는 사업을 전국으로 확대해 나가고 있습니다. 실제로 전북 김제시에서는 LED 횡단보도 설치 후 보행자 교통사고가 57%나 감소했다고 하는데요. 러시아의 투멘Tumen시에서는 운전자가 더 잘 인식할 수 있도록 횡단보도 위에 LED 조명등을 설치해 도로 위로 빛을 쏘아 횡단보도를 표시한다고 합니다.

휴대용 종이 깁스

미국의 디자이너 니콜라스 리들은 2007년 중국 쓰촨성 대지진의 참상을 목격하고 큰 충격을 받았습니다. 그래서 그는 재난 지역에서 간편하게 사용할 수 있는 '프리오 페이퍼 캐스트prio paper cast'라는 이름의 종이 깁스를 개발했는데요. 사용법을 알지 못해도 2분 안에 누구나 손쉽게 조립할 수 있도록 디자인했다고 해요.

이재민이 옷으로 직접 만드는 텐트

지진 등 재난으로 인해 건물이 붕괴되면 대체로 학교나 체육관 같은 넓은 공간에 이재민을 단체로 거주시킵니다. 이런 상황에서는 재난 피해자들은 심리적으로 불안정해지고 프라이버시 침해도 일어날 수 있습니다. 이를 해결하기 위해 일본인 디자이너 도코로 아사오와 이마키타 히토시는 재난 피해자가 자신이 입고 있던 옷을 이용해 누구나 쉽게 만들 수 있는 텐트를 디자인했어요.

안전을 습관화하다

'더치 리치Dutch Reach'란, 네덜란드 사람들이 차 문을 여는 방식을 가리킵니다. 운전자가 문을 열고 차에서 내릴 때, 문에 가까운 손이 아니라 반대쪽 손으로 손잡이를 잡고 몸을 돌려 문을 여는 것이죠. 이 방식으로 문을 열면 손을 뻗으면서 상체가 돌아가, 차량 뒤편에서 접근하고 있는 물체나 사람을 살필 수 있습니다.

자전거의 천국으로 불리는 네덜란드에서는 더치 리치를 학생들에게 필수적으로 교육하고 있고, 운전면허 시험에도 포함시킬 만큼 중요하게 생각한답니다. 네덜란드뿐 아니라 독일과 영국 등 여러 선진국에서도 이 더치 리치 운동을 적극적으로 실천하고 있다고 합니다.

강원도의 한 천문대에서 일기를 쓰고 있다. 아빠 친구분이 운영하는 작은 천문대인데 어릴 때 이곳에서 망원경으로 바라본 토성이 너무 신기해 거의 매년 찾아온다. 망원경으로 보면 뭐든 크게 보일 것 같지만 천체들은 대부분 작은 빛 알갱이처럼 보인다. 특별한 고리 때문인지 토성은 유난히 귀엽고 예쁘다. 그리고 이곳엔 토성만큼 예쁜 아빠 친구분의 딸인 민영 누나가 있다. 헤헤.

올 때마다 천문대 주변에 펜션이 늘어나서 밤에도 아주 어둡지가 않다. "빛 공해가 너무 심하지 않니?" 옆에서 망원경의 초점을 맞추던 누나가 말했다. 갑자기 예전만큼 밝게 보이지 않는 별빛이 아련하게 느껴지면서 마음이 아팠다.

밤에 빛이 너무 밝으면 생명체들이 아플 수도 있다고 한다. 감각을 예민하게 하기도 하고 무디게도 만들어 식물은 제대로 자라지 못하고 닭은 인공조명 아래에서 오로지 달걀만 낳는 기계가 된단다. 빛뿐만 아니라 소리와 냄새도 인간이나 동물이 원래 가지고 있던 감각 능력을 변하게 한다고 했다.

누나가 내 쪽으로 다가온다. 머리에 두른 조명은 끄고 일기도 그만 써야겠다. 빛 공해로 지금보다 밤하늘의 별빛이 더 흐려지기 전에 밤새 누나와 함께하는 이 시간을 소중하게 보내야지. 별들의 반짝임, 벌레 소리, 풀 냄새, 그리고 좋은 사람의 따스한 온기를 내 모든 감각을 통해 온전히 느끼면서 말이다.

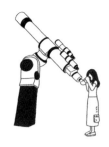

감각 공해에 시달리다

매연이나 폐수, 쓰레기로 인간과 동식물이 피해를 입는 것을 흔히 공해라고 하는데요. 최근에는 시각과 청각, 그리고 후각 등 인간의 감각에 강한 자극을 주는 새로운 공해가 주목받고 있습니다. 바로 '감각 공해'입니다.

야간에 강한 빛에 노출되거나, 층간 소음, 악취와 같이 일상생활과 밀접한 관계가 있는 감각 공해 문제가 늘어났고, 그 위험성이 개인과 공동체의 삶을 위협할 정도로 커지고 있습니다. 우리의 감각 기관을 공격하는 빛·소리·냄새의 실체를 알아보고 감각공해가 일상에 어떤 영향을 주고 있는지 살펴볼까요?

공중보건학에서는 공해를 '물질 공해'와 '감각 공해'로 구분하는데요. '물질 공해'는 공기, 물, 토양이 폐기물이나 화학물질에 의해 오염돼 인간을 포함한 생태계에 영향을 주는 공해를 말합니다.

한편 '감각 공해'는 일상생활 속에서 빛, 소음, 진동, 악취 등으로 인해 겪는 공해를 뜻합니다. 중앙환경분쟁조정위원회에 따르면 2018년부터 2022년까지 환경 분쟁 사건의 피해 원인을 분석한 결과, 감각 공해로 인한 피해가 80%에 가까웠던 반면, 대기 오염 및 수질 오염 등의 물질 공해는 2% 정도에 불과했다고 합니다.

원인	소음·진동으로 인한 피해	대기오염	수질오염	일조	기타
비율(%)	79	1.2	0.7	10	8.8

2018~2022년 환경 분쟁 사건 피해 원인 (자료: 중앙환경분쟁조정위원회, 2022)

인공 빛의 두 얼굴

전구, 전등과 같은 인공조명의 발명은 현대 문명의 발전에 크게 기여했습니다. 해가 진 후에도 계속 일을 할 수 있게 됐고 문화생활 등 여가 활동을 즐길 수 있는 시간도 늘어나 낮처럼 환한 밤 생활은 이제 자연스러운 일상이 됐죠. 하지만 가로등이나 네온사인, 광고판 등 너무 밝은 인공 빛이 지나치게 많아지면서 여러 가지 문제도 발생했습니다. 바로 '빛 공해'입니다.

빛 공해는 생명체에게 좋지 않은 영향을 주는 감각 공해 중 하나입니다. 필요 이상의 인공 빛은 농작물의 생장을 방해할 수 있고, 가축에게 스트레스를 주면서 번식을 어렵게 하거나 질병에 취약하게 만들기도 합니다. 여름이면 우리를 잠 못 들게 하는 한밤중의 매미 소리도 도시의 밤 불빛이 대낮처럼 밝기 때문이랍니다.

빛 공해는 질병을 유발하기도 합니다. 인간을 비롯한 대부분의 생명체는 24시간을 주기로 생체리듬을 조절하며 살아갑니다. 이를 '서캐디언 리듬circadian rhythm'이라고 하는데, 이 리듬에 가장 큰 영향을 주는 것이 바로 빛이에요. 인간의 눈에 들어온 빛은 뇌의 시상하부®라는 곳을 자극해 숙면을 돕는 호르몬인 멜라토닌의 분비를 지연시킵니다.

야간의 빛은 숙면을 방해해 다음 날 낮 동안의 활동에 지장을 주고 건강을 악화시키며 스트레스를 유발해 삶의 질을 떨어뜨립니다. 2017년 '빛 공해, 생활리듬교란과 현대인의 건강' 심포지엄의 발표에 따르면, 야간 조명과 같은 빛 공해에 많이 노출되는 지역에 사는 여성들의 유방암 발병률이 일반보다 24.4% 높았습니다. 세계보건기구는 심야에 일정 밝기 이상의 빛에 노출되면 면역력이 떨어질 수 있고 영유아는 성장 장애를 일으킬 수 있다고 경고하기도 했죠.

빛 공해는 인간에게만 해로운 것이 아닙니다. 중앙환경분쟁조

● 뇌실의 외벽과 바닥을 이루는 사이뇌의 하단 영역으로, 자율신경의 내분비 기능, 체온, 수면, 생식, 물질대사 등의 중추 역할을 한다.

정위원회는 인공조명에 의한 빛 공해와 통풍 방해로 인한 농작물 피해에 대해 조사하고 2016년 배상액 기준을 마련한 바 있습니다. 농작물이 빛 공해에 노출되었을 때 얼마나 수확량이 줄어들고 수확물의 품질도 떨어졌는지를 야간 조명의 조도에 따라 산출한 것인데요. 일정한 면적이 일정한 시간 동안 받는 빛의 양을 말하는 '조도'는 '럭스ˡˣ'라는 단위로 표현되는데, 1lx는 촛불 1개 정도의 빛이라고 보면 됩니다. 조사 결과, 농작물 중 빛의 영향을 많이 받는 들깨는 조도가 20lx일 때 수확량이 98%나 줄어드는 것으로 나타났습니다. 상대적으로 빛의 영향을 적게 받는 벼조차도 20% 정도는 줄어들고요.

민원 건수 1위, 소음·진동 공해

'빛 공해, 소음·진동 공해, 악취 공해'는 3대 감각 공해로 불립니다. 그중 가장 많은 민원이 발생하는 공해가 바로 '소음·진동 공해'예요. 앞서 통계에서도 살펴본 것처럼 전체 민원 건수의 약 80%를 차지할 정도로 피해가 잦습니다.

'소음'은 시끄럽고 불쾌감을 주는 소리입니다. 대도시에서 생활할 경우 자동차에 의해 발생하는 교통 소음, 건설 공사장이나 상점, 유흥업소의 소음, 야외 공연장의 스피커나 마이크 소리 등의 생활 소음에 흔히 노출되곤 합니다. 우리나라는 확성기, 공사장, 사업장 등에서 발생하는 소음에 대해선 '생활 소음 규제 기준'을 정해 놓고 있는데요. 허용 기준을 넘어서는 경우가 많아 이로 인해 고통을 호소하는 사람이 점점 늘어나고 있는 상황입니다.

현재 우리나라의 경우 주택의 약 80%가 아파트나 다세대 주택, 빌라 등 공동 주택입니다. 10가구 중 6가구가 공동주택에서 살아갈 만큼 흔한 주거 형태인데요. 공동주택에서 일어나는 '층간 소음'으로 인한 사건 및 사고가 갈수록 잦아지고 있어요. 이웃과의 폭행, 폭언, 심지어 살인 사건까지 일어나는 경우도 있습니다. 이런 층간 소음으로 인한 피해는 최근 몇 년 동안 한 해 1만 건 정도씩 계속 증가하고 있는 상황입니다.

공장의 기계나 자동차, 건설 장비에 의해 발생하는 진동 공해는 소음 공해와 동시에 일어나는 경우가 많습니다. 진동의 단위도 소음처럼 데시벨(dB)로 표시하는데요. 55dB 이상이면 우리 몸이 진동을 감지하게 되고 65dB 이상이면 잠을 제대로 자기 힘들다고 합니다. 진동 공해는 수면 장애와 정서 문제를 일으키고 지반이나 건물에도 영향을 주기 때문에 진동 공해가 잦은 지역에서는 건축물에 의한 사고나 피해를 막기 위해 세심한 주의가 필요하답니다.

보이지 않는 조용한 가해자, 악취

후각을 자극해 신체적·정신적 피해를 입힐 만큼 좋지 않은 냄새를 '악취'라고 합니다. 여기에는 하수도에서 나오는 악취, 공장이나 사업장에서 나오는 악취, 그리고 담배나 화장실 냄새 같은 생활 악취가 있습니다. 사실 악취는 눈에 보이지 않고, 복합적인 이유로 발생하는 경우가 많아 문제를 해결하기가 더 어렵습니다. 그래서 가축 시장이나 먹자골목에서 나는 분뇨나 음식물, 쓰레기의 악취는 규제나 대처가 어려워 주변 사람에게 더 큰 피해를 입히기도 합니다.

악취는 불쾌감과 혐오감을 주고, 심하면 눈과 호흡기의 점막 손상, 구토와 식욕 감퇴, 두통을 불러일으키기도 합니다. 게다가 건강을 위협하는 스트레스의 원인이 되기도 하죠. 환경부에 따르면, 악취로 인한 민원이 지난 10년 새 세 배 가까이 증가했다고 합니다. 최근에는 생활 악취 중 화장실과 주방에서 흘러나오는 오·폐수 속 유기물이 부패해 발생하는 황화수소로 인한 하수도 악취를 신고하는 민원이 급증하고 있어, 그에 대한 대책 마련이 중요한 쟁점이 되고 있습니다.

규제와 처벌보다 더 중요한 것

악취나 소음 같은 감각 공해는 순간적으로 발생했다가 사라지는 경우가 많습니다. 그래서 민원이 발생해 현장에 출동하더라도 피해 보상을 위한 증거를 확보하기 어려울 수 있죠. 감각 공해의 관리나 저감 기술 확보 문제, 이웃 사이의 관계 문제나 적절한 보상금 산정 문제 등이 복잡하게 얽혀 있어, 감각 공해와 관련된 갈등은 해결하는 데 많은 어려움이 따른다고 합니다. 그래서 민간과 지자체, 정부, 그리고 기업이 함께 노력해야 해결의 실마리를 찾을 수 있습니다.

건설사에서는 층간 소음과 진동의 피해를 줄일 수 있는 건축 자재를 사용해 건물을 짓고, 가전제품 제조사는 소음이나 빛 공해를 줄일 수 있는 기술 개발에 관심과 투자를 기울여야 합니다. 지자체와 정부는 감각 공해 현황과 예측에 도움이 될 수 있는 감각 공해 지도를 제작하고, 관련 정보를 공유할 수 있는 시스템을 마련해 공해 발생을 예방할 수 있어야 하고요. 실제로 서울시는 악취 지도를 제작해 취약 지역에 대한 개선과 감시를 지속하고 있고 홈페이지를 통해 악취 관련 정보를 공유하고 있습니다.

하지만 무엇보다 중요한 것은 시민 개개인의 감각 공해에 대한 관심과 문제 해결을 위한 노력일 텐데요. 언젠가 인터넷에서 '층간 소음 보복 스피커' 광고를 보고 놀란 적이 있습니다. 천장에 스피커를 붙여 음악을 틀면 위층으로만 소리가 전달되는 스피커라고 합니다. 층간 소음의 근본적인 문제가 해결되지 않은 상태로 가해와 피해를 서로 반복하면서 이웃 간 감정과 갈등의 골이 점점 더 깊어지는 상황이 답답하면서 무섭기도 했는데요. 넓게 보면 감각 공해 문제에 가해자와 피해자가 따로 있는 게 아니라는 생각이 듭니다. 악취와 소음을 만들고 인공 빛을 유발하는 사람이 바로 나 자신이기도 하니까요. 이웃을 배려하는 마음으로 문명의 혜택을 지속적으로 누릴 수 있도록 함께 노력하는 자세가 필요합니다.

LEVEL UP!

지식뿜뿜!

감각 공해 피해, 법으로 줄인다

감각 공해 피해가 커지면서 효과적인 대처법을 찾는 일이 더욱 중요해지고 있습니다. 우리나라에서는 '빛, 소음과 진동, 그리고 악취 방지에 대한 법률'로 처벌의 기준과 적용 범위, 그리고 내용을 정해 놓고 있어요. 악취의 경우, 10명 가운데 3명이 강하다고 느끼는 정도인 2.5도 이상을 공해로 간주합니다. 대부분의 나라에서 악취의 세기를 6단계(0~5도)로 나누는데, 0도는 무취, 1도는 감지, 2도는 보통, 3도는 강한 냄새, 4도는 매우 강한 냄새, 5도는 견디기 어려운 수준을 나타내죠.

빛 공해는 밤에 실내로 빛이 들어왔을 때 눈에 피로감을 주거나 수면을 방해하는 빛의 세기인 10lx 이상이 규제 대상이에요. 층간 소음의 경우 1분간 평균 소음이 낮에는 40dB, 밤에는 35dB을 넘으면 피해 배상을 청구할 수 있도록 정했습니다. 보통 아이들이 뛰어다닐 때 생기는 소음은 40dB, 어른들이 뛰어다니는 소리는 55dB, 망치질 소리는 59dB 정도라고 해요. 같은 소리라도 느끼는 고통과 불편의 정도는 개인마다 차이가 있을 수 있어서 질적인 기준에 따른 규제나 보상까지는 불가능하다는 한계가 있습니다.

한편 우리나라는 다른 나라에 비해 규제나 처벌 기준이 너무 낮다는 비판도 있어요. 감각 공해를 유발하는 사업장에서 시설이나 작업 개선과 같은 실질적인 대책을 마련하기보다, 벌금이나 배상금만으로 문제를 해결하려는 것도 문제점 중 하나랍니다.

우리나라에서는 지난 2015년에 처음으로 감각 공해 피해가 법으로 인정됐습니다. 울산시의 복선 전철 터널 공사장에서 발생한 소음으로 반려견이 죽은 사례가 소음 공해의 정식 피해로 인정되었는데요. 한편 인공조명의 빛 공해로 인한 농작물 피해가 법적으로 인정받기도 했습니다. 군포시 철도역의 야간 조명으로 인해 들깨와 콩 수확량이 각각 85%와 19% 줄어든 것에 대해 배상금 지급 판결이 내려진 것이죠.

선진국의 감각 공해 정책

우리나라의 빛 공해 기준은 10lx이지만, 미국은 3lx, 독일은 1lx로 지정해 더욱 엄격하게 규제하고 있습니다. 또한 미국에서는 빛 공해가 심한 곳을 '라이팅 존'으로 지정하고 조명 밝기와 사용 시간에 제한을 둔답니다. 유럽연합에서는 주요 도시별 소음 지도를 제작해 실정에 맞는 소음 대책을 마련하고 있고, 일본에서는 정부가 직접 나서 에어컨, 세탁기, 청소기 등이 유발하는 소음을 정기적으로 점검하고 있다고 합니다.

　지훈이는 몸에 비해 머리가 큰 아이다. 다른 아이들에게 놀림도 많이 받았는데 별다른 대응 없이 늘 조용하다. 짓궂은 아이들이 요즘은 지훈이가 아닌 다른 친구를 괴롭히는데, 어제는 장난이 너무 과했다. 하지만 아무도 나서지 않았다. 매서운 눈과 돌주먹으로 정평이 나 있는 녀석이 나도 무서웠다. 그때 갑자기 깜짝 놀랄 만큼 큰 고함이 들렸다. "그만해~!" 조용하기만 했던 지훈이에게서 분노한 코끼리와 고릴라 소리를 합쳐 놓은 듯한 괴성이 튀어나왔다. 돌주먹 녀석이 지훈이를 확인하더니 우습다는 듯 주먹을 휘둘렀다.

　탁! 둔탁한 소리가 났다. 지훈이가 헐크 같은 팔뚝으로 녀석의 팔목을 가로막았다. 순간 교실 전체가 멈춘 듯했다. 지훈이의 몸이 이렇게 근육질이었나? 다행히 지훈인 주먹을 쓰지 않고 아까보다 더 화난 목소리로 "다시는 괴롭히지 마."라고 말했다. 상황 끝, 이젠 아무도 두 사람을 괴롭히지 못할 것 같다.

　늘 한결같아 보이는 지훈이에게 그렇게 힘이 센데 그동안 왜 참고 지냈냐고 물었다. "아빠가 아무리 화가 나도 세 번은 참으라고 했어. 만약 세 번을 참았는데도 화가 나면 열 번만 더 참아 보고. 근데 그 이상 참으면 바보니까 대응하라고 했어. 단, 행동엔 반드시 책임이 뒤따른다고도 했어."

　지훈인 팔 근육뿐 아니라 마음의 근육도 단단해 보인다. 분노를 조절하는 힘이 거기서 나오는 건 아닐까. 좋아, 오늘부터 나도 단련 시작이다!

분노로 일그러진 세상

보통 사람도 일주일에 한두 번은 경험한다는 분노는 인간이라면 누구나 가지고 있는 감정입니다. 하지만 자신이 시키는 대로 하지 않았다고 네 살짜리 아이를 주먹으로 때린 보육 교사, 음식을 원하는 대로 주지 않았다고 승무원에게 심한 욕설을 하고 비행기를 되돌린 고위 경영자, 마스크 착용을 요구했다고 운전기사를 폭행한 이들의 행동은 과연 자연스러운 것이라고 할 수 있을까요? 최근 우리 사회에 충격을 줬던 사건의 근원에는 폭발적인 분노라는 감정이 도사리고 있습니다.

우발적인 분노가 범죄로 이어지는 사례도 늘고 있습니다. 이른바 '분노 범죄'라 불리는 사건이죠. 헤어진 여자친구에게 앙갚음하기 위해 자동차를 몰아 교통사고를 일으키는가 하면, 재산상속 문제로 가족끼리 다투다가 총까지 쏘는 거짓말 같은 사건이 일어납니다. 가정불화나 생활고에 시달리다 홧김에 방화나 살인을 저지르기까지 합니다. 분노로 인한 범죄는 평소에 원한을 품고 있거나 가까운 관계의 사람만을 대상으로 하지 않습니다. 사회를 향한 막연한 분노가 원인이 된 일명 '묻지 마 범죄'는 공공장소에 있거나 대중교통을 이용하는 불특정 다수를 표적으로 삼습니다. 전혀 알지도 못하는 사람을 말이지요. 심각한 것은 이런 묻지 마 범죄가 어느새 우리 사회에서도 드물지 않게 일어난다는 사실입니다.

분노 범죄는 어른들의 세계에서만 일어나는 것이 아닙니다. 술에 취한 형이 자신을 구박하고 폭행하자 홧김에 흉기로 살해한 10대도 있고, 자신을 꾸중하는 아버지에게 보복하고자 지갑에서 카드를 훔쳐 2,000만 원을 써 버린 고등학생도 있습니다. 대한소아청소년정신의학회의 2019년 보고에 따르면, 우리나라 어린이가 가장 많이 겪는 정신 건강 문제는 주변 사람에 대한 적대적인 감정을 표현하며 반항하는 것이었답니다. 한국청소년상담복지개발원의 2021년 보고서에 따르면, 코로나를 겪으면서 청소년의 상담 건수가 늘어났는데 우울과 불안, 분노 같은 정신 건강 관련 고민 상담이 가장 많았다고 합니다. 전문가들은 청소년기에 분노를 조절하는 능력을 기르지 못하면, 성인이 된 후 범죄를 일으킬 가능성이 커진다고 진단합니다.

범죄로 이어지는 분노

미국의 마블에서 만든 영화 〈어벤져스〉 시리즈를 본 적이 있나요? 지구를 침공한 악당들을 물리치는 영웅들 중에는 초록색 영웅이 한 명 있습니다. 바로 여러분도 잘 아는 '헐크'입니다. 한 과학자가 사고로 방사선에 노출된 뒤부터 분노에 휩싸일 때마다 초록색의 괴물로 변하는데, 슈퍼 영웅 중 가장 강한 존재이자 통제하기가 어려운 존재가 바로 헐크입니다. 분노는 우리 마음속에 존재하는 감정의 헐크와 같습니다. 참지 못하면 헐크처럼 걷잡을 수 없이 난폭해지는 것이 바로 분노이기 때문입니다.

분노를 잘 참지 못해 사고나 범죄를 저지르는 사람에게, 흔히 '분노조절장애가 있다'고 말합니다. 분노조절장애를 의학 용어로는 '간헐적 폭발성 장애'라고 하는데, 이 경우 분노의 정도가 외부에서 가해지는 스트레스 수준보다 매우 높은 것이 특징입니다. 분노 조절 장애의 요인은 크게 두 가지입니다. 하나는 충동적인 분노를 주체하지 못해서이고, 다른 하나는 분노를 폭발시키는 행동이 가장 효과적이라고 학습한 결과입니다.

분노 조절 문제를 가진 사람은 공격성이 강하고, 갑작스럽게 강한 분노를 표출하며 주위 사람에게 피해를 줍니다. 한국형사·법무정책연구원의 2021년 발표에 따르면, 우리나라에서 일어난 불특정 다수를 향한 '묻지 마 범죄자' 유형에는 만성분노형과 정신장애형, 그리고 현실불만형이 있는데 그중 가장 비율이 높은 쪽이 만성분노형(45.8%)이라고 합니다.

분노하는 뇌를 들여다보다

분노의 파괴적인 힘은 대부분 폭력적인 행동으로 연결됩니다. 극심한 분노가 생겼을 때 자제력을 잃고 흥분하는 것은 여성이나 남성 모두에게서 나타나는 특성이지만, 남성은 이때 폭력을 행사하거나 무기를 사용하는 경우가 더 많습니다. 일반적으로 폭력은 15세에서 25세 사이의 남자에게서 가장 흔히 발생하는데, 그 시기에 남성 호르몬인 테스토스테론의 수치가 가장 높기 때문이라고 합니다. 그런데 생물학적으로 분노의 발생과 조절에 가장 큰 역할을 하는 것은 호르몬이 아니라 바로 '뇌'입니다.

이와 관련해 유명한 일화가 있는데요. 1848년 피니어스 게이지라는 한 미국인이 공사 작업 도중 1.1m 길이의 철근이 머리를 관통하는 사고를 당합니다. 왼쪽 눈으로 들어간 철근이 오른쪽 두개골 밖으로 빠져나오는 큰 사고였지만 다행히도 그는 기적처럼 회복했고, 다시 사회생활을 시작했습니다. 하지만 얼마 후 사람들은 그에게 큰 변화가 일어난 것을 알게 되었죠. 온화하고 상냥하던 그의 성격이 걸핏하면 분노를 일으키는 성격으로 돌변한 것입니다. 이후 의사들은 피니어스 게이지가 죽고 난 뒤 뇌를 해부해 살펴보았답니다. 그리고 놀라운 사실을 알게 되었죠. 뇌의 '전두엽'이라는 부분이 관통으로 인해 손상되어 있었던 것입니다. 이를 통해 과학자들은 이전과 달라진 그의 공격적인 성향이 전두엽의 손상과 관련이 있을 것으로 여겼고 인간의 뇌 영역을 자세히 살펴보기 시작했습니다. 그리고 인간의 뇌가 세 가지 영역으로 구성되어 있음을 알게 되었습니다.

쉬운 설명을 위해 인간의 뇌를 삶은 달걀에 비유해 보겠습니다. 우선 달걀의 노른자 부분에 해당하는 가장 안쪽 부분이 '뇌간'이라는 곳입니다. 이곳은 심장박동이나 호흡처럼 무의식적이고 자동적으로 이루어지는 신체 기능을 담당하고 있기 때문에 '생명의 뇌'라고도 불립니다.

다음으로 달걀의 흰자에 해당하는 부분을 '변연계'라고 합니다. 이곳은 인체의 자극과 정보를 처리하고 전달해 주는 중간 정거장 같은 역할을 합니다. 기쁨·분노·슬픔 등의 감정 표현도 담당하고 있어서 '감정의 뇌'로도 불리는 영역입니다.

세 번째로 달걀의 껍데기에 해당하는 부분이 있는데 바로 '대뇌피질'입니다. 대뇌피질은 수천억 개의 뇌세포가 활발하게 활동하며 인지와 사고 능력 등을 담당하는 부분입니다. 인간을 인간답

게 하는 기능이 있다고 해서 '인간의 뇌', '이성의 뇌'라고도 불린답니다.

특히 대뇌피질 중에서 가장 최근에 진화한 '전두엽'은 문제들에 대한 최종 판단을 내리고 그 판단의 결과를 예측하는 곳으로, 인간의 뇌에서 가장 중요한 부분이에요. 예를 들어 감정의 뇌인 변연계에서 분노의 감정이 생긴다면, 전두엽에서는 이를 조절하는 역할을 담당하는 거죠. 그러니까 전두엽이 파괴된 피니어스 게이지는 분노를 조절할 수 없었던 겁니다.

분노를 다스리는 방법

하버드대학 연구진의 조사에 따르면, 분노는 우리의 건강과도 밀접한 관련이 있습니다. 폭발적으로 분노를 표현하면 순간적으로 혈압이 올라서 심장마비, 부정맥(불규칙적으로 뛰는 맥박), 뇌졸중(뇌혈관이 막히거나 터져 뇌에 장애가 오는 현상) 등 심혈관계 질환이 생길 위험도가 보통 때보다 무려 네다섯 배 이상 증가한다고 합니다.

습관적인 분풀이는 주위 사람과의 관계를 엉망으로 만들기도 합니다. 충동적이고 파괴적인 분노는 반드시 삭히고 풀어야 할 감정입니다. 분노를 다스리는 몇 가지 방법을 소개해 봅니다.

첫째, 초기에 진화하기

화는 마치 큰 화재를 일으키는 인화성 물질과도 같아서 한번 불이 붙으면 순식간에 타올라 어디로 번질지 모르게 됩니다. 그래서 세계적인 베스트셀러 『화』의 저자인 틱낫한 스님은 화가 나면 "일단 3초를 참아라!"라고 조언합니다. 화가 막 끓어오르는 순간에 바로 분출해 버리면 자기방어와 상대에 대한 공격으로 계속 이어지게 마련이고 그 과정에서 과도한 언행이 사태를 더 악화시킨답니다. 화가 나면 바로 '일단 멈춤'을 위한 숨 고르기를 해야 합니다.

둘째, 객관적으로 바라보기

무엇이 나를 분노하게 했는지 정확히 파악해야 합니다. 이때 분노의 실체는 어디까지나 상대방의 언행에 대한 자신의 해석과 평가임을 인식해야 합니다. 나의 분노가 상대방의 의도나 그가 처한 상황에 대한 오해에서 비롯된 것은 아닌지 반드시 확인합니다.

셋째, 맞불 작전 피하기

분노한 상대에게 똑같이 화를 내는 태도를 삼가야 합니다. 우리는 상대방이 화를 멈추도록 하기 위해 본능적으로 자신도 화를 내 그 화를 이용하곤 하는데, 화는 또 다른 화를 부를 뿐입니다. 어렵겠지만 분노한 사람도 인간으로서 존중받을 권리와 존엄을 지니고 있다는 사실을 잊지 말고 행동해야 한답니다.

분노는 사회가 얼마나 건강한지를 가늠하는 척도라고 말합니다. 한 사회에서 분노로 인한 갈등과 범죄가 계속해서 늘어난다면 그 사회는 분명 문제가 있는 사회일 것입니다. 하지만 많은 사람이 공감할 수 있는 '정당한 분노'는 분명 우리 사회가 더 나은 공동체로 나아가는 힘이 될 수 있습니다. 우리가 경계해야 할 분노는 개인의 일상과 사회의 안전을 무너뜨리는 습관적이고도 충동적인 분노입니다.

제가 정말 화가 났을 때 되새기곤 하는 짧지만 깊은 울림을 주는 말로 글을 마무리합니다.

"한순간의 분노를 참으면 백 일 동안의 근심을 피할 수 있다."(『명심보감』)

화가 나면 달콤한 것을 먹어라?

미국 플로리다주립대학의 연구진은 사람의 자제력을 유지하는 힘이 포도당과 관련 있다는 연구 결과를 발표했습니다. 우리가 섭취한 음식물은 소화를 통해 포도당으로 분해되어 에너지원으로 사용되는데요. 뇌는 우리가 쉬는 동안에도 혈액 속 포도당의 약 25%를 소비하는 등 평소 엄청난 양의 에너지를 사용하고 있답니다. 그런데 화가 날 때와 같이 자제력이 필요한 상황에서는 전두엽이 더욱 원활하게 작동해야 하므로 더 많은 에너지가 필요해집니다. 그래서 포도당이 부족한 상태가 되어 분노를 참지 못하게 될 수 있답니다. 화가 날 때는 사탕이나 초콜릿, 과일 등 포도당을 공급해 줄 수 있는 달콤한 음식을 섭취하면 큰 도움이 된다고 합니다.

당신은 분노조절장애?

전혀 그렇지 않다 **1점** / 약간 그렇다 **2점** / 꽤 그렇다 **3점** / 확실히 그렇다 **4점**

① 나는 때때로 싫어하는 사람 앞에서 그의 험담을 늘어놓는다.　　　점

② 나는 화가 나면 가끔 물건을 던진다.　　　점

③ 나는 상대방과 다른 의견이 있다면 그의 입장을 고려하지
　　않고 나의 입장을 말한다.　　　점

④ 사람들이 나에게 호통을 칠 때 나도 맞서서 호통을 친다.　　　점

⑤ 나는 매우 흥분했을 때 누군가를 때릴 수 있다.　　　점

⑥ 나는 때때로 시비조로 행동한다.　　　점

⑦ 나는 거짓 협박을 자주 한다.　　　점

⑧ 나는 논쟁할 때 언성을 높이는 경향이 있다.　　　점

⑨ 나는 나를 궁지에 빠지게 한 사람을 알면 그 사람과 싸운다.　　　점

⑩ 나는 때때로 다른 사람을 해치고 싶은 충동을 느낀다.　　　점

합산 점수　26~27점: 약간 위험　　　　　　　　　　점

　　　　　　　28~29점: 위험

　　　　　　　30점 이상: 매우 위험

(자료: 대한정신건강의학과의사회)

어제 결석했던 지선이가 오늘은 학교에 왔다. 열심히 팬클럽 활동을 하며 좋아하던 아이돌 멤버 중 한 명이 얼마 전 사망했다는 소식을 듣고 한동안 우울해했는데, 힘들어하는 표정을 보고 있으면 나까지 우울해졌다.

"디멘터라도 붙은 것 같네." 해리포터 덕후인 성호가 내 어깨를 툭 쳤다. 〈해리포터〉에 나오는 디멘터라는 우울증 괴물이 생각날 정도로 내 표정이 침울했나? 소문에 따르면 원작의 작가가 실제로 우울증을 겪어 봤기 때문에 디멘터를 그렇게 무섭고 불쾌한 모습으로 그려 냈다고 한다. 우울증이 그만큼 무섭다는 거겠지.

성호 말에 따르면 디멘터에 시달리는 사람에겐 초콜릿이 가장 좋은 약이라고 한다. 달콤한 음식이 기분 전환도 되고 기운도 회복시켜 준다나. 나는 우울할 때 매운 음식이 당기던데….

학교에서 돌아오니 우울한 내 기분을 알아챈 엄마가 불닭 볶음을 해 주셨다. 엄마도 친한 친구가 큰 병으로 돌아가신 후에 일주일 내내 매운 불닭 볶음을 먹는 것을 본 적이 있는데 역시 난 엄마 아들인가 보다. 엄마랑 수다를 떨며 불닭 볶음을 먹었더니 우울한 기분이 싹 달아나 버렸다.

지선이에게도 선물을 줄 생각이다. 달콤하면서도 매운 초콜릿이 있는지 검색해 봤는데, 대박! 실제로 있을 줄이야. 바로 당일 배송 주문을 했다. 내일 지선이랑 같이 먹으면서 간만에 입도 좀 풀어야겠다.

디멘터들이여, 그만 안녕!

우울하다고 다 우울증은 아니다

코로나 팬데믹의 긴 터널을 지나면서 우리는 일상의 많은 변화와 함께 힘든 경험을 했습니다. 비접촉과 비대면으로 단절된 인간관계 속에서 정신적인 고통을 겪는 사람이 이전보다 늘어났고 청소년이 느끼는 고립감과 우울감도 커졌습니다. 특히 성장기에 겪어야 하는 불안과 스트레스로 정신 건강이 위협받기 쉬운 청소년 시기의 우울증은 극단적인 선택과 연결되어 심각한 사회적 문제가 되고 있는데요. 우울증이란 도대체 어떤 병일까요?

아무리 밝고 쾌활한 성격을 가진 사람이라도 살면서 우울할 때가 있고 우울하다는 감정을 겪어 봤을 겁니다. 우울감은 인간이 가진 자연스러운 감정 중 하나이기 때문인데요. 바라는 것이 이루어지지 않거나 답답한 상황에 놓이거나 소중한 무언가를 잃었을 때 슬프고 불행하다고 느끼는 감정이 바로 우울감이랍니다.

우울증의 주요한 증상이 우울감이긴 하지만 우울감을 느낀다고 해서 바로 우울증이라 할 순 없습니다. 우울증의 정식 명칭은 우울장애입니다. 우울장애는 우울감이 2주 이상 지속되면서 삶에 대한 의욕이 줄고 몸과 마음에도 이상이 생기며 일상생활을 유지하는 데 장애가 생기는 정신 질환입니다. 일시적으로 나타났다 사라지는 우울감과는 달리 제때 적절한 치료를 받지 못하면 절망 속에서 삶에 대한 의미를 모두 잃고 죽음에까지 이를 수 있는 심각한 질환이 바로 우울증입니다.

우울증이 무서운 이유

우울증은 감정과 생각, 신체 상태와 행동 등 인체의 모든 활동 영역에 부정적인 변화를 일으키는 병입니다. 불면증과 음식물 섭식 장애를 일으키고 면역력을 떨어뜨려 각종 질병에 취약한 상태로 만듭니다. 우울증에 걸리면 다른 정신 질환까지 찾아오기 쉬운데 강박장애나 공황장애 같은 불안장애가 동반되거나 성격이 갑자기 변하기도 합니다. 기억력과 인지능력이 떨어지면서 학습장애나 언어장애가 생길 수도 있습니다. 무엇보다 자살로 이어지는 빈도가 매우 높은 질환입니다.

우울증은 이렇게 무서운 병이지만 다양한 신체 증상이 함께 나타나는 경우가 많아 우울증에 걸렸다는 사실을 빨리 판별하지 못할 때가 많습니다. 그래서 치료 시기가 늦어지고 병이 더 깊어지기 쉽죠. 빠르고 적절한 치료가 필요한 질환임에도 주위의 시선 때문에 치료에 적극적으로 나서지 못하는 숨은 환자도 많습니다.

흔히 생각하듯 우울증은 정신력이나 긍정적인 생각만으로는 절대 회복할 수 없습니다. 전문가의 도움 없이 혼자서는 결코 감당할 수 없는 질환이기 때문에 우울증에 대한 잘못된 인식이 더욱 안타까운 현실입니다.

우울증에 빠진 대한민국 청소년

2021년 건강보험심사평가원의 발표에 따르면, 정신장애 및 행동장애로 병원을 찾은 10대 환자의 수가 3년 전에 비해 20.7%나 증가했다고 합니다. 여성가족부의 〈2023년 청소년 통계〉에 따르면, 청소년 10명 중 4명은 평상시 스트레스를 느끼며 3명은 우울감을 경험한다고 합니다.

특히 코로나 팬데믹을 겪으면서 '코로나 블루'라는 말이 생길 정도로 정신 건강의 위기도 심각해졌는데요. 코로나 블루는 코로나19와 우울감을 뜻하는 blue가 합쳐진 신조어로, 감염에 대한 두려움과 사회적 거리 두기 등 일상의 변화로 생겨난 우울감이나 무기력증을 뜻하는 말입니다. 코로나로 인해 특히 청소년의 우울감과 고립감은 더욱 깊어졌습니다.

이와 함께 10대의 자살률 또한 증가했습니다. 10대의 사망 원인 1위가 바로 자살인데, 자살의 주요 동기 중 절반 이상이 우울증 같은 정신적 문제라고 합니다.

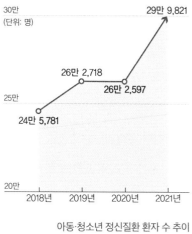

아동·청소년 정신질환 환자 수 추이
(자료: 건강보험심사평가원, 2021)

우울증은 나이와 성별 구분 없이 누구나 걸릴 수 있지만 청소년의 우울증은 성인의 우울증과 양상이 좀 다릅니다. 성장기 청소년은 사고나 감정이 아직 미숙하기 때문에 성인 우울증에서 전형적으로 나타나는 절망감, 허무감, 죄책감을 드러내는 게 아니라, 오히려 지나치게 명랑하거나 아예 파괴적이고 공격적인 모습을 보일 수 있습니다. 또는 평소와는 다르게 갑작스러운 일탈이나 비행을 저지르기도 합니다. 이렇게 청소년기 우울증은 마치 가면을 쓴 것처럼 표면적으로는 잘 드러나지 않는다는 의미에서 '가면 우울증'이라고 부르기도 합니다.

다행히 청소년 우울증을 판별하는 데 도움을 주는 특징적인 증상이 있습니다. 가장 흔한 증상이 바로 짜증입니다. 사소해 보이는 일에도 예민해하고 짜증을 내거나 대인 관계에서 갈등을 일으키기도 합니다. 우울증에 걸린 청소년은 다른 연령대에 비해 두통이나 복통, 팔다리 무거움 등 신체적인 증상을 호소하는 경우가 많습니다. 성인이 흔히 불면증과 식욕부진을 호소하는 반면, 청소년은 과식이나 과도한 수면으로 어려움을 겪는 경우도 많습니다. 불안감이 높아지고 집중력에 장애가 생기기 때문에 갑자기 학업 성적이 떨어지거나 등교를 거부하거나 비행을 저지르는 것도 우울증 증상일 수 있습니다. 우울증에 걸린 청소년은 우울증만이 아니라 불안장애, 적대적 반항장애, 물질이나 스마트폰 중독 등 다른 정신장애를 동반하는 경우가 더 많다고 합니다.

우울증이 특히 청소년에게 더 치명적인 이유는 극단적인 선택으로 이어지는 경우가 많기 때문입니다. 2023년 5월 서울의 한 지역에서는 일주일간 3명의 청소년이 극단적인 선택을 하는 사건이 발생해 충격을 주었습니다. 청소년의 자살은 성적이나 학교 폭력, 부모님과의 갈등을 피하기 위해서, 혹은 본인을 힘들게 하는 대상에 대한 분노나 보복 심리, 낮은 자존감이나 충동감에 의해 일어납니다. 이런 심리적 문제의 근원에는 우울증과 같은 정신장애가 자리 잡고 있는 경우가 많습니다.

청소년의 뇌는 우울증에 취약하다

일반적으로 우울증의 원인에는 유전적 요인, 생물학적 요인, 사회적 요인으로 인한 스트레스 등이 있습니다. 유전의 경우, 가족 중 우울증 환자가 있으면 그렇지 않은 사람에 비해 우울증 발병률이 두 배가량 높다고 합니다.

우울증과 관련된 생물학적 요인의 중심에는 뇌가 있습니다. 뇌속에는 우리의 감정과 연결되는 신경전달물질이 있는데 우울증은 쾌락이나 만족감을 주는 신경전달물질인 세로토닌과 도파민, 노르에피네프린의 분비가 원활하지 않을 때 나타날 수 있습니다.

반면, 우울증에 걸린 사람의 뇌를 살펴보면 마음과 정서 상태, 그리고 기억을 담당하는 중추인 변연계의 기능이 과도하게 활성화되어 있다고 합니다. 변연계 영역의 발달은 10대 초반에 이미 이루어지지만, 감정을 통제하고 이성적인 판단을 할 수 있게 하는 뇌의 전두엽 부위는 8년 정도 늦게 발달하게 됩니다. 청소년기 초기에 충동적이고 반항적인 행동이 심하게 일어나는 이유입니다. 흔히 사춘기라 불리는 시기가 바로 이 시기입니다. 뇌 부위의 발달 정도에 차이가 생기면서 감정과 이성 사이의 불균형이 크다 보니 우울감을 잘 조절하기 어려운 것이죠. 청소년이 성인보다 우울증에 더 취약할 수 있고 깊어진 우울증으로 극단적인 선택을 하는 경우가 더 많은 이유입니다.

우울증을 앓는 이들의 뇌를 살펴보면 기억과 스트레스 조절에 관여하는 해마 부위가 쪼그라들어 있다고 합니다. 감정과 기억을 조절하는 영역인 전액골피질이라는 부위도 쪼그라들어 있고요. 그리고 기쁨, 행동, 두려움 등의 감정을 조절하는 편도체 부위가 과도하게 활성화되어 부어 있는데 이로 인해 수면장애를 겪거나 비정상적인 행동을 하게 된다고 합니다.

2022년 스탠퍼드대학의 심리학 연구진은 코로나19 팬데믹이 청소년의 뇌 노화 속도를 3년 정도 앞당겼다고 발표했습니다. 코로나 전후 청소년의 뇌 사진을 비교 분석해 본 결과, 코로나 이후 청소년의 뇌는 이전보다 피질 부위가 더 얇아지고 해마와 편도체는 더 빨리 성장했다고 합니다. 이런 현상은 노년층의 뇌에서 자주 확인되는데 인지 기능의 저하와 관련성이 높습니다.

SNS와 미디어의 악영향
- - - - - - - - - - - - - -

우울증의 주요 원인에는 유전이나 신체적 이유뿐 아니라 사회 환경적 요인으로 인한 스트레스가 자리 잡고 있습니다. 사회적 관계에 대한 욕구는 생리적 욕구처럼 꼭 충족되어야 하는 중요한 요소입니다. 사회적 욕구의 결핍으로 인한 좌절감이나 무기력감 때문에 우울증에 더욱 취약한 상태가 될 수 있습니다.

청소년 우울증의 사회적 요인에는 SNS와 미디어가 중요한 비중을 차지하고 있습니다. SNS를 통해 많은 사람과 소통할 수 있게 되었지만 즉각적인 소통이나 반응이 이루어지지 않을 때 느껴지는 소외감이나 악의적인 댓글로 인한 정신적인 고통으로 우울감을 느끼는 경우도 많아지고 있습니다. SNS에 몰입하는 시간이 많아질수록 다른 사람에 대한 질투나 심리적 박탈감을 더 크게 느낀다는 연구도 있습니다. 자신의 SNS 사용이 정신 건강을 위협하고 있는 것은 아닌지 주의 깊게 살펴야 합니다.

자극에 민감하게 반응하고 감정에 쉽게 휩쓸릴 수 있는 청소년에게 미디어의 영향력은 절대적일 수 있습니다. 특히 청소년의 자살에는 미디어의 보도나 콘텐츠가 중요한 원인이 되기도 하는데요. 미국에서는 청소년의 극단적인 선택 장면을 담은 미니시리즈가 방영되면서 청소년 자살률이 30%나 증가했다고 합니다. 유명인이나 연예인의 자살 보도 이후 자살률이 18%나 증가했다는 연구도 있습니다. 전문가들은 감정도 다른 사람에게 전염될 수 있고 이런 감정의 전염성은 청소년 시기에 특히 높이 나타난다고 합니다. 좋아하는 아이돌 스타가 극단적인 선택을 했을 때 이에 동조하는 청소년이 적지 않은 이유도 보도를 통해 우울감이 전달될 수 있기 때문입니다.

유명인이나 선망하던 사람의 자살 보도가 이어진 후 동조 심리나 모방으로 자살 시도가 잇따르는 것을 베르테르 효과라고 부릅니다. 보건복지부에 따르면, 자살 유발 정보가 2017년 3만 1,483건에서 2022년에는 23만 4,064건으로 크게 증가했습니다. 자살을 유도하거나 우울증과 같은 정신장애를 함부로 다루는 영상 콘텐츠가 널리 유포되고 있는 현실에서, 사회 구성원의 정신 건강을 위한 미디어의 사회적 책임 의식과 자정 노력이 더욱 중요해지고 있습니다.

나쁜 사람이 아닌 아픈 사람

높은 자살률뿐 아니라 증상이 평생 지속될 수 있다는 점에서 청소년기 정신 건강 관리의 중요성은 더욱 커지고 있습니다. 우울증과 같은 정신장애는 치료 없이 저절로 나을 수 있는 병이 절대 아닙니다. 소아·청소년 5명 중 1명이 정신 질환을 경험하고 있는데도 이들 중 전문적인 치료를 받는 비율은 6%가 채 되지 않는다고 합니다. 가면 우울증처럼 가려진 우울증을 제때 발견해 치료해야 하고, 소아·청소년의 정신 건강에 대한 이해와 관심이 더 높아져야 합니다.

우울증에 걸린 사람은 나쁜 사람이 아니라 치료와 도움이 필요한 아픈 사람입니다. 정신적인 장애와 문제를 부인하고 숨기며 악화시키지 말고 초기에 적극적으로 해결해 갈 수 있는 사회적 분위기를 만들어야 합니다. 본인의 건강을 위한 적절한 선택을 하기 위해 필요한 건강 정보를 얻고 이를 제대로 이해하고 사용할 수 있는 능력도 어릴 때부터 키워 나가야 합니다. 규칙적인 생활 습관과 적절한 운동, 휴식과 여가, 사회적 유대감을 나눌 수 있는 지속적인 인간관계는 우울증을 예방하는 데 도움이 된다는 것도 잊지 말아야 합니다.

돌이켜보면 쉽게 가시지 않는 우울감이 찾아왔을 때 그 우울감에 깊이 빠져들지 않을 수 있었던 것은 그것을 솔직하게 보여 줄 수 있는 용기와, 누군가와 함께 이야기를 나눌 기회가 있었기 때문입니다. 여러분 모두에게도 그런 용기와 기회가 있다는 사실을 잊지 마세요.

LEVEL UP!

지식뿜뿜!

우울증은 '마음의 감기'다?

흔히 우울증을 마음의 감기라고 표현하곤 합니다. 감기처럼 누구라도 쉽게 걸릴 수 있는 질환이라는 의미지만, 감기라는 말 때문에 가볍게 여겨도 되는 질환이라는 오해를 부르기도 합니다.

병에 걸리면 우리는 외부의 자극에 정상적으로 대응하기 힘들어집니다. 병이 심각할수록 여러 불편한 신체 증상들이 생겨나 더욱 힘들어지는데 그런 점에서 보면 우울증은 결코 가벼운 질환이 아닙니다. 정신적·신체적 이상 증상들이 겹쳐지며 삶의 의욕을 급속히 떨어뜨리기 때문에, 어떤 면에서는 암만큼이나 무서운 질환으로 여겨지기도 합니다. 그러니 우울증을 결코 감기처럼 여겨서는 안 됩니다.

기분장애의 종류

우울증은 기분장애라는 정신 질환 중 하나입니다. 기분장애란 기분이 지나치게 침울하거나(울증) 들떠 있어(조증) 감정을 조절할 수 없는 상황이 장시간 지속되면서 일상생활에 곤란을 겪는 질환을 두루 칭합니다. 기분장애의 하나인 조증은 몹시 흥분한 상태가 일주일 이상 계속되는 증세로, 기분이 즐겁고 행복해 들뜬 것이 아니라 과도하게 흥분해 있는 상태를 말합니다. 기분장애 중 가장 심각한 질환은 흔히 조울증이라 불리는 양극성 정동장애입니다. 기분이 끝없이 올라갔다가 추락하는 등 어떤 기준점 없이 흔들리는 것으로, 조증과 울증이 혼재되어 나타나는 경우가 많은데요. 기분장애 중에서도 양극성 정동장애 환자가 자살을 시도하는 경우가 가장 많다고 합니다.

베르테르 효과와 파파게노 효과

베르테르 효과는 괴테의 소설 『젊은 베르테르의 슬픔』(1774)이 발표된 후 유럽에서 여러 모방 자살이 일어나게 된 현상에서 유래한 말입니다. 반대로 실제로 매체에서 자살과 관련한 보도나 구체적인 묘사를 하지 않을 때 자살률이 낮아지는데, 이 효과를 파파게노 효과라고 부릅니다. 파파게노는 모차르트의 오페라 〈마술피리〉(1791)에 등장하는 인물의 이름입니다. 그는 연인을 잃은 슬픔으로 자살을 시도하지만 주위의 도움으로 우울증을 이겨 내고 행복한 삶을 살아갑니다.

북트리거 일반 도서

북트리거 청소년 도서

새로운 것들이 온다

하드캐리 MZ 생활 사전

1판 1쇄 발행일 2023년 9월 25일

지은이 이치훈
펴낸이 권준구 | 펴낸곳 (주)지학사
본부장 황홍규 | 편집장 김지영 | 편집 양선화 서동조 김승주
책임편집 양선화 | 표지 디자인 스튜디오 진진 | 본문 디자인 이혜리
마케팅 송성만 손정빈 윤술옥 박주현 | 제작 김현정 이진형 강석준 오지형
등록 2017년 2월 9일(제2017-000034호) | 주소 서울시 마포구 신촌로6길 5
전화 02.330.5265 | 팩스 02.3141.4488 | 이메일 booktrigger@naver.com
홈페이지 www.jihak.co.kr | 포스트 post.naver.com/booktrigger
페이스북 www.facebook.com/booktrigger | 인스타그램 @booktrigger

ISBN 979-11-93378-00-7 43300

북트리거

트리거(trigger)는 '방아쇠, 계기, 유인, 자극'을 뜻합니다.
북트리거는 나와 사물, 이웃과 세상을 바라보는 시선에 신선한 자극을 주는 책을 펴냅니다.